PARA ONDE FOI O FUTURO?

MARC AUGÉ

Tradução:
Eloisa Araújo Ribeiro

PARA ONDE FOI O FUTURO?

PAPIRUS EDITORA

Título original em francês: *Où est passé l'avenir?*
© Éditions du Seuil, Paris, 2011

Tradução: Eloisa Araújo Ribeiro
Capa: Fernando Cornacchia
Foto de capa: Rennato Testa
Coordenação: Ana Carolina Freitas
Diagramação: DPG Editora
Copidesque: Beatriz Marchesini
Revisão: Daniele Débora de Souza,
Isabel Petronilha Costa e Maria Lúcia A. Maier

Dados Internacionais de Catalogação na Publicação (CIP)
(Câmara Brasileira do Livro, SP, Brasil)

Augé, Marc
    Para onde foi o futuro?/Marc Augé; tradução Eloisa Araújo
Ribeiro – Campinas, SP: Papirus, 2012.

Bibliografia.
ISBN 978-85-308-0953-9

1. Globalização   2. Mudança social   3. Tempo – Sociologia
I. Título.

12-04315   CDD-304.23

Índice para catálogo sistemático:
1. Tempo: Administração: Comportamento social: Sociologia 304.23

Exceto no caso de citações, a grafia
deste livro está atualizada segundo o
Acordo Ortográfico da Língua Portuguesa
adotado no Brasil a partir de 2009.

Proibida a reprodução total ou parcial
da obra de acordo com a lei 9.610/98.
Editora afiliada à Associação Brasileira
dos Direitos Reprográficos (ABDR).

DIREITOS RESERVADOS PARA A LÍNGUA PORTUGUESA:
© M.R. Cornacchia Livraria e Editora Ltda. – Papirus Editora
R. Dr. Gabriel Penteado, 253 – CEP 13041-305 – Vila João Jorge
Fone/fax: (19) 3272-4500 – Campinas – São Paulo – Brasil
E-mail: editora@papirus.com.br – www.papirus.com.br

SUMÁRIO

INTRODUÇÃO: OS PARADOXOS DO TEMPO   7

AS CULTURAS DA IMANÊNCIA   15

MUDANÇA DE ESCALA, ESTADO DAS
QUESTÕES E ESTADO DOS LUGARES   25

GLOBALIZAÇÃO, URBANIZAÇÃO,
COMUNICAÇÃO, INSTANTANEIDADE   33

CONTEMPORANEIDADE
E CONSCIÊNCIA HISTÓRICA   45

ALIENAÇÃO, MODERNIDADE,
DEMOCRACIA, PROGRESSO   63

O PASSADO, A MEMÓRIA, O EXÍLIO   77

O FUTURO E A UTOPIA   85

O MUNDO DE AMANHÃ,
O INDIVÍDUO, A CIÊNCIA, A EDUCAÇÃO   101

CONCLUSÃO: POR UMA UTOPIA DA EDUCAÇÃO   113

INTRODUÇÃO:
OS PARADOXOS DO TEMPO

O primeiro paradoxo do tempo é inerente ao fato de o indivíduo ter consciência de existir em um tempo que precedeu seu nascimento e que continuará depois de sua morte. Essa tomada de consciência individual do finito e do infinito vale, simultaneamente, para o indivíduo e para a sociedade. Pois o indivíduo que se transforma, cresce, e depois envelhece, antes de desaparecer um dia, assiste, nesse ínterim, ao nascimento e ao crescimento de alguns, ao envelhecimento e à morte de outros. Ele envelhece num mundo em transformação, mesmo que simplesmente pelo fato de os indivíduos que o compõem envelhecerem também e se verem sendo progressivamente substituídos por gerações mais jovens.

Há respostas de ordem intelectual a esse primeiro paradoxo: são todas as teorias que, de uma forma ou de outra, põem em cena o retorno do mesmo. Na maioria das sociedades estudadas pela etnologia tradicional existem representações bastante elaboradas da hereditariedade que tendem a sugerir que a morte dos indivíduos não é um fim em si, mas a ocasião de uma redistribuição e de uma reciclagem dos elementos que as compõem. As teorias da metempsicose são apenas um exemplo particular dessas representações. Na África, por exemplo, a ideia do retorno dos elementos liberados pela morte não está associada à ideia do retorno dos indivíduos como tais, mesmo se, nas grandes chefaturas e nos reinos, a lógica dinástica indica esse sentido. Outras instituições, como as classes de idades, ou os fenômenos religiosos ritualizados, como a possessão, inscrevem-se nessa visão imanente do mundo que tende a relativizar a oposição entre vida e morte em virtude de uma intuição bastante próxima do princípio científico segundo o qual nada se perde, nada se cria, mas tudo se transforma.

O segundo paradoxo do tempo é quase o inverso do primeiro: ele se deve à dificuldade, para os homens mortais, ou seja, tributários do tempo e das ideias de começo e de fim, de pensar o mundo sem imaginar seu surgimento nem lhe conferir um termo. As cosmogonias e os apocalipses, em diversas modalidades, são uma solução imaginária para essa dificuldade.

O terceiro paradoxo do tempo diz respeito a seu conteúdo ou, se preferirem, à história. É o paradoxo do acontecimento, do acontecimento sempre esperado e sempre temido. Por um lado, são os acontecimentos que tornam sensível a passagem do tempo e servem até mesmo para datá-lo, ordená-lo em uma perspectiva diferente da do simples recomeço das estações. Por outro lado, porém, o acontecimento traz consigo o risco de uma ruptura, de um corte irreversível em relação ao passado, de uma intrusão irremediável da novidade em suas formas mais perigosas. As catástrofes climáticas, meteorológicas, epidemiológicas, políticas ou militares puderam, durante um longo período da humanidade, ameaçar a existência do próprio grupo, e o desenvolvimento das sociedades não fez desaparecer a consciência desses perigos: ele os situou em outra escala. O controle intelectual e simbólico do acontecimento sempre foi a preocupação essencial dos grupos humanos. Ainda o é hoje; só as palavras e as soluções mudam. Talvez seja justamente hoje que o paradoxo do acontecimento esteja em seu ápice: quando, sob a pressão dos acontecimentos de toda espécie, a história se acelera, que achamos, como nas épocas mais arcaicas, que podemos negar sua existência, celebrando, por exemplo, seu fim.

Todas as tentativas de simbolização do mundo e das sociedades nos contextos históricos mais diversos passam pela formatação, pela demarcação ou pela explicitação desses três paradoxos. Se, como afirma Lévi-Strauss em sua "Introdução à obra de Marcel Mauss",[1] o aparecimento da linguagem acarretou *ipso facto* a necessidade de tornar o mundo significante, é evidente que a categoria do tempo, mais ainda que a do espaço, fornecia uma matéria-prima ideal para esse empreendimento, pois ela era o mais experimental, o mais imediatamente perceptível e, nesse sentido, o menos arbitrário dos dados simbólicos. O domínio do calendário foi uma das formas mais eficazes do controle religioso e/ou político exercido sobre as sociedades, pois o tempo, dado imediato da consciência, aparecia, simultaneamente, como um dos componentes essenciais da natureza e como o instrumento privilegiado para compreendê-la e dominá-la. Os poderes religiosos e políticos sempre se serviram do tempo para dar à cultura a aparente evidência de um fato natural. Todas as revoluções foram confrontadas com a necessidade de redefinir o emprego do tempo e fundar novamente o calendário se quisessem mudar a sociedade.

Desse modo, não haveria sentido algum em dissociar uma reflexão sobre o tempo de uma reflexão sobre o espaço. Todos os

---

1.   Marcel Mauss, *Sociologie et anthropologie*. Paris: PUF, 1950. [*Sociologia e antropologia*. Trad. Paulo Neves. São Paulo: Cosac Naify, 2003 – N.T.]

sistemas simbólicos observáveis no mundo mostram, ao contrário, a solidariedade sempre intuitivamente percebida entre essas duas "formas *a priori* da sensibilidade", para retomar a expressão kantiana. As culturas da imanência assinalam, balizam e ordenam os espaços de sociabilidade com extrema minúcia, tanto para distingui-los dos espaços não humanos quanto para traçar as linhas de demarcação que ordenam o próprio grupo social (regras de residência, sistemas de metades, espaço público e espaço privado, espaço sagrado e espaço profano...). Tais divisões estão estritamente correlacionadas às representações do tempo social. Algumas delas só se manifestam no momento de ritos sazonais. A residência muda com as idades da vida (acesso à idade adulta, casamento...). Poder-se-ia, portanto, falar de um espaço-tempo social cujo maior ou menor grau de coesão corresponde a diferentes modos de organização.

A prova do outro, na forma das conquistas e da colonização, foi frequentemente ainda mais dolorosa pelo fato de perturbar a ordem espaçotemporal preexistente, dali em diante considerada obsoleta. Era, portanto, a princípio, aos olhos dos colonizados, um acontecimento não controlável que instaurava um corte irremediável entre o presente e o passado. Ela lhes impunha uma reinterpretação do passado e uma visão do futuro, tanto em termos políticos quanto em termos religiosos e, paralelamente, transformava completamente sua organização espacial. A urbanização, os novos recortes administrativos, a criação de culturas industriais destinadas à exportação, a integração forçada ao espaço do colonizador – por exemplo, no momento da guerra de 1914-1918 ou das próprias guerras coloniais – constituíram um esboço, em escala regional, do que hoje é chamado de mundialização.

Ora, não está excluído que, hoje, por uma estranha inversão da situação, o Ocidente colonizador se encontre diante das mesmas dificuldades por ele provocadas antes aos colonizados, ao querer lhes impor sua concepção mais ou menos evolucionista da história. Com efeito, todos os esquemas intelectuais sobre os quais estavam construídos, com mais ou menos hesitação, convicção ou má-fé, a ideologia colonial e pós-colonial – o sentido da história, o voluntarismo em relação ao acontecimento, a recusa da contingência e, herdada do Iluminismo, a necessária solidariedade entre progresso científico, progresso material e progresso moral – foram questionados ao longo do século XX. Quanto a isso, cita-se frequentemente, e com razão, o fracasso dos sistemas comunistas, mas é preciso insistir também na desordem moral perante a constatação da amplitude dos massacres que o progresso tecnológico tornou possíveis, no desastroso fim das aventuras coloniais, que retira todo sentido a uma parte da história ocidental, e nas incertezas intelectuais que hoje acompanham o movimento acelerado da mundialização.

Esse movimento, a um só tempo evidente e imprevisto, diz respeito tanto à economia quanto à ciência, à tecnologia e à política; ele acarreta formas novas, inéditas, de violência e de nacionalismo, convulsões religiosas e políticas sem precedente que confirmam o fracasso do empreendimento colonial como primeiro esboço da mundialização. Nosso passado mais recente e nossa história mais próxima (ela pode ser medida pela duração de uma vida individual) tornam-se, portanto, enigmáticos para nós. Desde 1989 e da queda do muro de Berlim, uma nova história está sendo escrita, a qual temos dificuldade de ler e de compreender, pois é rápida demais e concerne direta e imediatamente todo o planeta.

Intelectualmente, essa mudança de escala nos pega de surpresa. Ainda estamos na fase de denúncia dos antigos conceitos e das visões do mundo que os sustentavam. Eles são substituídos, nos dois extremos, ou por uma visão pessimista, niilista e apocalíptica, para a qual não há nada mais a compreender, ou por uma visão triunfalista e evangélica, para a qual tudo está feito ou em vias de o ser. Em ambos os casos, o passado já não traz lição alguma e não há nada a esperar do futuro. Entre essas duas visões extremas, há lugar para uma ideologia do presente característica do que se costuma chamar de sociedade de consumo. Sob o afluxo das imagens e das mensagens, sob o efeito das tecnologias da comunicação instantânea e da *mercantilização* de todos os bens materiais e culturais, os indivíduos, aparentemente, só têm a escolha entre um consumismo conformista e passivo, mesmo quando suas possibilidades de consumo efetivo são reduzidas, e uma recusa radical à qual somente formas religiosas exacerbadas são suscetíveis de fornecer a aparência de uma armadura teórica. Vemos ainda, no próprio plano ideológico, serem esboçadas solidariedades essenciais entre ideologia religiosa e ideologia consumista, mais particularmente no caso do evangelismo de origem norte-americana. De resto, as novas formas de exclusão – das quais a mundialização é, a um só tempo, o quadro geral e um dos principais fatores – engendram, através de diversas mediações, entre elas a do fundamentalismo religioso, atitudes de rejeição ou de fuga que só ganham sentido em relação à ordem dominante. Esta provoca, simultaneamente, ódio e fascínio. A contestação, a revolta ou o protesto parecem assim prisioneiros dos esquemas de pensamento aos quais se opõem, tanto na vida política quanto no plano intelectual e artístico.

Todo império teve a pretensão de parar a história e pode-se dizer também que várias mundializações precederam a atual. A única diferença, mas ela é enorme, é que a mundialização atual é coextensiva ao planeta como corpo físico. A cada dia tomamos mais consciência de ocupar um "recanto do universo", para retomar a expressão de Pascal. Nesse universo, as categorias de tempo e de espaço com as quais estamos habituados já não são operantes, e algo da vertigem que as explorações da astrofísica nos inspiram pode ecoar sobre nossa percepção da história humana.

Assim, tudo contribui para o questionamento das categorias tradicionais da análise e da reflexão. Estas nos permitiram, no entanto, compreender o funcionamento da ideologia e, principalmente, observar uma de suas características essenciais: ela escapa, em parte, à consciência não apenas daqueles que são suas vítimas, mas também daqueles que a utilizam para dominar os outros. Portanto, pode ser útil retomar a categoria do tempo para novamente interrogar as falsas evidências da atual ideologia do presente. Tais evidências tomam a forma de um triplo paradoxo. Primeiro paradoxo: a história, entendida como fonte de ideias novas para a gestão das sociedades humanas, terminaria no momento mesmo em que ela concerne, explicitamente, à humanidade inteira. Segundo paradoxo: nós duvidaríamos de nossa capacidade de influenciar nosso destino comum no momento mesmo em que a ciência progride numa velocidade cada vez mais acelerada. Terceiro paradoxo: a superabundância sem precedente de nossos meios nos proibiria o pensamento dos fins, como se a timidez política devesse ser a contrapartida da ambição científica e da arrogância tecnológica.

Esses três paradoxos são apenas a forma histórica atual dos três paradoxos enunciados no início. Nesse sentido, eles dizem respeito à ideologia. Todos os sistemas de organização e de dominação do mundo – tenha esse mundo limites geográficos mais ou menos estreitos ou se queira, como hoje, coextensivo ao planeta – produziram teorias do indivíduo, do mundo e do acontecimento. O sistema da globalização não escapa à regra. A ideologia que o sustenta, o anima e lhe permite se impor às consciências individuais pode ser analisada como tal, apesar da complexidade de suas determinações e de seus efeitos. As reflexões aqui apresentadas, que se inscrevem na perspectiva de uma antropologia comparada das representações do tempo, buscam contribuir para essa análise.

Elas terão por objeto, sucessivamente, as noções de imanência (acerca das sociedades ou das culturas da imanência), de desenvolvimento (acerca das teorias, ou das ações, de desenvolvimento), de globalização (e, correlativamente, de comunicação e de urbanização), de contemporaneidade, de modernidade, de memória e, finalmente, de utopia, para tentar responder à questão aparentemente ingênua que habita, de modo cada vez mais insistente, nossos diversos campos de atividade e de reflexão: para onde foi o futuro?

1
AS CULTURAS DA IMANÊNCIA

A expressão "cultura da imanência" deve ser compreendida como fazendo referência, por um lado, a uma teoria do acontecimento que tem por objeto e por consequência negar sua existência ou refutar seu caráter contingente, e, por outro, a um conjunto de representações da pessoa, da sociedade, da hereditariedade e da herança que, sem deixar lugar a qualquer dualismo, estão particularmente aptas a colocar em prática essa negação.

As sociedades politeístas, que foram o objeto de estudo privilegiado da primeira etnologia, são alheias a qualquer ideia de transcendência e de salvação individual. O indivíduo humano é concebido ali como a reunião provisória (o tempo de uma vida) de um determinado número de elementos que a morte libera: alguns desaparecem, outros entram em novas combinações – algumas arbitrárias, outras determinadas por regras da filiação. Na África, entre os ameríndios ou na Oceania, as fórmulas podem variar ao infinito, mas, em cada agrupamento humano, a ideia dos componentes da pessoa está presente, ligada, de maneira mais ou menos frouxa, àquelas da hereditariedade e da filiação. Tais componentes não são nem materiais, nem espirituais, ou antes são, indiferente e simultaneamente, "materiais" e "espirituais", se quisermos explicá-los nas línguas ocidentais marcadas pelo dualismo metafísico.

Esses componentes são tanto marcas identitárias quanto princípios de ação, vetores de energia. Alguns são estritamente individuais, outros são herdados. Alguns são relacionais e suscetíveis de entrar em contato, eventualmente de modo agressivo, com os componentes de outros indivíduos; outros são mais ligados ao corpo próprio e eventualmente vulneráveis à agressão dos componentes de outros indivíduos. Todas essas possibilidades de ataque e de defesa, às quais algumas vezes se fez referência englobando-as sob o nome de "crenças na bruxaria", são expressões do que se chama "estrutura social". A estrutura social é o conjunto das relações possíveis e pensáveis entre os indivíduos pertencentes a esse conjunto. A maioria dos acontecimentos, principalmente os biológicos (a doença, a morte), é interpretada como o resultado desse jogo de relações – as quais são, a um só tempo, relações de força e relações estruturais, relações de sentido social.

Tomemos um exemplo. Nas sociedades aparentadas ao grupo akan, na África do Oeste, de ambos os lados da fronteira entre a Costa do Marfim e Gana, a filiação é matrilinear, mas a relação entre o filho e seu pai (ou seu herdeiro, um parente materno do pai) tem suas próprias exigências. O duplo jogo das relações com a matrilinhagem de Ego e a matrilinhagem de seu pai se instala no tempo. Na tribo dos aladianos, onde trabalhei durante os anos de 1960 e 1970, o *status* de um indivíduo era definido, de modo bem amplo, em função de sua idade. Ele se libertava progressivamente da tutela de seu pai para se integrar, de modo mais marcado, a sua própria matrilinhagem e adquirir uma relativa independência econômica. As diferentes etapas desse processo traduziam-se por mudanças na residência e na redistribuição dos produtos de seu trabalho. Um "bom filho" normalmente obtinha de seu pai, junto com a autorização de se casar, o direito de construir uma cabana no pátio paterno e de fazer um campo de mandioca na terra da matrilinhagem de seu pai. Somente com o nascimento de seu segundo ou de seu terceiro filho é que ele obtinha o direito de construir uma cozinha ao lado de sua cabana e de trazer definitivamente sua mulher para sua casa. Mais tarde ainda, com o nascimento do quinto ou do sexto filho, ele obtinha o direito de redistribuir ele próprio os produtos de sua pesca no mar. Até então, era o pai (ou o herdeiro do pai em linha uterina) que assegurava essa redistribuição. A partir do momento em que ele havia obtido esse direito, seus próprios parentes maternos tornavam-se os principais beneficiários da pesca no lugar dos parentes maternos do pai. Ele adquiria, ao mesmo tempo, o direito de trabalhar nas terras de sua matrilinhagem e de caçar por conta própria.

Esse sistema provocava tensões entre os diferentes parceiros e principalmente entre as linhagens aliadas, a do pai e a do tio materno. Todo acontecimento importuno era facilmente atribuído a essas tensões, fosse a uma agressão em "bruxaria" dos parentes maternos, fosse a uma maldição da parte paterna. Os roteiros estavam algumas vezes sujeitos a múltiplos sobressaltos e eram, no mais das vezes, complicados, já que, além disso, a intervenção de terceiros era possível em certas condições. O fato é que ali a ideia da doença ou da morte "naturais" (em nossa linguagem) não tinha lugar, pois, rigorosamente, não tinha sentido: em caso de desgraça, a investigação devia chegar a seu termo e identificar um responsável. A finalidade desse dispositivo era menos a de castigar o culpado, ainda que se concordasse com isso na ocasião, do que a de explicar o acontecimento adequando-o à estrutura. Afinal, as potencialidades agressivas ou defensivas eram constitutivas da definição das próprias relações e, eventualmente, só as atualizava; elas estavam na natureza das coisas e o diagnóstico ou o veredicto tinha o efeito, portanto, de um retorno à ordem normal. A doença e a morte só eram um escândalo quando não explicadas. Uma vez que o desconhecido ou o imprevisto se tornava conhecido, tinha-se operado o retorno à norma.

As sociedades de linhagem, politeístas ou "animistas" não têm o monopólio da negação do acontecimento, mas ele desempenha um papel central em sua gestão do espaço-tempo social. Procedimentos específicos, muitas vezes designados na literatura etnológica pela expressão genérica "ritos de inversão", são iniciados quando o acontecimento, por sua dimensão, excede as capacidades do diagnóstico comum. A seca, a epidemia, a morte do chefe, acontecimentos recorrentes, mas irregulares, que ameaçam o equilíbrio e, às vezes, a existência do grupo, provocam o que poderíamos chamar de ritualizações de urgência. Geralmente elas encenam, no sentido realmente teatral do termo, o drama cujos efeitos pretendem conjurar. Trata-se, então, de uma tentativa "derradeira", de uma ritualização forçada. A colonização foi o acontecimento cuja existência nenhum rito conseguiu eliminar ou negar. Ela instaurou, ademais, o que todo rito tenta conjurar: um abismo intransponível entre o passado e o presente.

Quando Lévi-Strauss falou de sociedades "frias" ou "mornas", evidentemente ele não queria sugerir que elas eram sociedades sem história, mas sim qualificar a relação delas com a história. Esta, justamente, varia historicamente, inclusive nas sociedades ocidentais, e hoje se coloca a questão – voltaremos a ela – de saber se as sociedades ditas "desenvolvidas" não estariam entrando, desse ponto de vista, em um período "morno".

A relação com a história não resume, por si só, todas as concepções do tempo presentes na vida individual e social. A primeira característica das "culturas da imanência", como vimos, é a estreita solidariedade que elas postulam entre corpo individual e corpo social, identidade e alteridade, e, com isso, entre acontecimento e estrutura. Mas essa solidariedade se afirma no interior de uma concepção mais vasta para a qual a distinção entre vida e morte, vigília e sono ou homens e deuses nada tem de irremediável. As elaborações antropológicas e cosmológicas dos diversos grupos humanos são, evidentemente, bem diversas e singularmente refinadas, mas poderíamos dizer, mediante algumas simplificações, que os deuses dos politeísmos são antigos homens e que eles se manifestam no sonho e nos fenômenos de possessão: interpretados pelos especialistas de modo satisfatório, o sonho e a possessão são, portanto, canais por meio dos quais esses dois mundos solidários se comunicam e tornam-se um.

Os papéis dados, respectivamente, ao sonho e à possessão variam conforme as sociedades. Tradicionalmente, a possessão ocupa um lugar importante nas estratégias do imaginário africano. As culturas ameríndias foram designadas pelo antropólogo Kroeber como "culturas do sonho". Em todos os casos é a proximidade das origens que se manifesta, é a cosmogonia que é reativada. As potências ancestrais originais apoderam-se do corpo dos possuídos africanos e o xamã ameríndio viaja em sonho rumo à linha do horizonte para ali ter notícias dos mortos recentes que se juntaram aos deuses ancestrais. Em síntese, portanto, é a proximidade espacial e temporal do presente e do passado mítico que se afirma, e, mais ainda, a dependência do primeiro em relação ao segundo.

Compreende-se que, nessas condições, observadores mais ou menos interessados por esse aspecto das coisas (missionários, administradores, desenvolvedores de todos os gêneros... e etnólogos) tenham sido tentados a atribuir, globalmente, às sociedades não ocidentais, não industriais, subdesenvolvidas, uma relação com o tempo fascinada em demasia pela evocação das origens, presa demais na repetição ritual do retorno ancestral e na recusa do acontecimento inovador para permitir que se lançassem, de modo eficaz, na aventura da modernidade.

Obviamente isso significava confundir as coisas e, especialmente nos anos 1960, época em que coexistiam vários modelos epistemológicos, obedecer, a um só tempo, ao modelo culturalista e ao modelo evolucionista. Segundo o modelo culturalista, há em todo conjunto sociocultural vários níveis de realidade social, mas cada um deles é uma expressão dos outros: se se descobre a chave de uma das leituras possíveis, tem-se, do mesmo modo, a possibilidade de compreender os outros e o todo específico que eles compõem. Segundo o modelo evolucionista, a via do desenvolvimento é estreitamente balizada e tem, principalmente, implicações psicológicas individuais e coletivas que todas as sociedades de estudos, na década de 1960, faziam figurar em seus questionários como itens pertinentes – por exemplo, o "sentido do progresso" e o "tempo como valor em si".

O ponto problemático era, evidentemente, a pressuposição de uma noção social do tempo em geral, que se acreditava poder induzir da presença ou da ausência de algumas categorias habitualmente consideradas como integrantes da ferramenta mental dos chefes empresariais, dos líderes e dos meios dirigentes da classe capitalista.

Na mesma época (1965), aliás, em seu livro *Ler O capital*,[1] Louis Althusser criticava essa concepção de um tempo homogêneo e contemporâneo a si que autorizava o que ele chamava de "o corte

---

1. L. Althusser, *Lire le Capital*. Paris: F. Maspero, 1965, t. II, pp. 38-39. [Althusser, Rancière e Macherey, *Ler O capital*. Trad. Nathanael C. Caixeiro. Rio de Janeiro: Zahar, 1979, pp. 32-33 – N.T.]

de essência". Esse corte, "em que todos os elementos do todo são dados numa co-presença, que é por sua vez a presença imediata de sua essência, que se tornou assim imediatamente *legível neles*",[2] visava elucidar a estrutura específica da totalidade social que a tornava possível. Encontrávamo-nos então, com efeito, diante de uma visão evolucionista e culturalista do mundo segundo a qual as sociedades se situam em um *continuum*, onde cada uma delas, em sua total plenitude, ocupa seu lugar funcionalmente harmonioso.

Se a noção de um tempo social próprio a cada conjunto social é inaceitável, é porque há, evidentemente, tantas concepções do tempo quanto tarefas a serem realizadas; retomando um instante o exemplo dos aladianos, os trabalhos agrícolas não impõem os mesmos prazos e as mesmas urgências que a organização de um dia de pesca no mar ou a elaboração de estratégias matrimoniais a longo prazo. Poderíamos, além disso, distinguir o que é para eles um tempo cíclico ligado ao calendário e aos prazos agrícolas (que, entre parêntesis, implica, para os agricultores que se referem a ele, um sentido exacerbado dos prazos) e um tempo cumulativo ligado à idade e ao percurso social. Leach havia feito essa distinção em sua *Critique de l'anthropologie*.[3] Em 1947, Halbwachs já havia observado que existem, numa mesma sociedade, tantos tempos coletivos quantos grupos separados, e que não há tempo unificador que se imponha a todos.[4] O historiador Jacques Le Goff, após ter distinguido, na Idade Média, o tempo da Igreja e o tempo do mercador, observava que o tempo da Igreja constituía também outro horizonte da existência do mercador, e que o tempo no qual ele agia profissionalmente não era aquele no qual ele vivia

---

2.   *Ibid.*, p. 40. [*Ibid.*, p. 33 – N.T.]
3.   E.R. Leach, *Critique de l'anthropologie*. Paris: PUF, 1968.
4.   M. Halbwachs, "La mémoire collective et le temps", *Cahiers internationaux de sociologie*, II, 1947.

religiosamente.[5] A distinção de diferentes tempos estava, de longa data, no princípio das pesquisas de campo etnológicas. Acerca dos nueres, em 1939 Evans-Pritchard já havia distinguido entre tempo estrutural e tempo ecológico.[6] Novamente, nos anos 1960, uma pesquisa dirigida por Georges Balandier distinguia entre tempo não utilitário, tempo ecológico e tempo utilitário.[7]

Vemos, portanto, que nem todos os etnólogos, nem todos os observadores foram igualmente vítimas da ilusão evolucionista e culturalista. O mais notável, porém, não é isso. O mais notável, do ponto de vista que nos interessa aqui, é a insistência com a qual etnólogos, sociólogos, historiadores e filósofos retomam, nos anos 1960, a questão do tempo e do desenvolvimento. Não se trata, para a maioria deles, de debater de maneira meramente especulativa, e sim de tentar pensar em que condições o desenvolvimento é possível. Para alguns, trata-se menos de desenvolvimento, conceito cujo caráter ideológico eles denunciam, do que de revolução. Em todos os casos, tanto para os marxistas quanto para os teóricos liberais das etapas do desenvolvimento e da "decolagem", é um pensamento do futuro que tenta se construir; pensamento do futuro, que, por mais atravessado que ele seja por contradições e polêmicas, ainda não está minado pela dúvida e pelo ceticismo. Essa atitude intelectual será dominante até a década de 1970.

Uma segunda observação pode ser feita acerca da expressão "culturas da imanência". Essa expressão tende menos a distinguir as culturas da imanência das outras do que a localizar em todas as

---

5.   J. Le Goff, "Temps de l'Eglise et temps du marchand", *Annales*, XV (3), maio-junho de 1960.
6.   E. Evans-Pritchard, "Nuer time reckoning", *Africa*, 12, 1939.
7.   G. Balandier (org.), *Le temps et la montre en Afrique noire*. Bienne: Fédération horlogère suisse, 1963.

sociedades sua dimensão de imanência, sua parte de imanência, pois as referências coletivas oficiais são uma coisa, e as modalidades práticas de existência, outra. A maioria dos indivíduos e dos grupos humanos privilegia a segurança de um entorno conhecido com futuro previsível e procura reduzir o máximo possível a parte do acontecimento. Nas sociedades complexas em que as divisões de classe, as diferenças de *status* e de qualificação profissional são contrastadas e múltiplas, o emprego do termo "cultura", sempre problemático, é feito de modo particularmente delicado. Mas me parece possível aproximar a "cultura da imanência" do que Bourdieu chama de "*habitus*", definido como "sistema de disposições de ser e de fazer", "desejo de ser que, de certo modo, busca criar as condições de sua realização". Esse mundo do "em si", no qual os indivíduos se encontram e para o qual contribuem tanto o quadro material (mobiliário, casa, equipamento doméstico) quanto as relações de proximidade (amigos, cônjuges, relações), é, independentemente de qualquer referência cosmológica particular, um mundo da imanência, um lugar da imanência, na exata medida em que aqueles que o criaram, por mais induzido que ele seja por determinações que lhes são consideravelmente exteriores, pretendem perpetuá-lo o máximo possível, notadamente não procurando em outra parte senão nele mesmo as razões de seu devir.

Bourdieu escreve: "O corpo está no mundo social, mas o mundo social está no corpo (...). As próprias estruturas do mundo estão presentes nas estruturas (ou, melhor, nos esquemas cognitivos) que os agentes empregam para compreendê-lo (...)".[8] Não poderíamos evocar melhor, entre outras, as sociedades de linhagem

---

8.   P. Bourdieu, *Méditations pascaliennes*. Paris: Seuil, "Point Essais", 2001, p. 218. [*Meditações pascalianas*. Rio de Janeiro: Bertrand Brasil, 2007. Trad. Sérgio Miceli, p. 185 – com pequena alteração feita por mim – N.T.]

africanas, ou outras sociedades mais ou menos indiferenciadas que Bourdieu, etnólogo da Cabília, tinha, aliás, explicitamente em mente no momento em que escreveu estas linhas:

> O charme indiscutível das sociedades estáveis e pouco diferenciadas, lugares por excelência, segundo Hegel, que teve delas uma intuição bem penetrante, da liberdade concreta como "ser em si" (*bei sich sein*) naquilo que é, encontra seu princípio na coincidência quase perfeita entre os *habitus* e o *habitat*, entre os esquemas da visão mítica do mundo e a estrutura do espaço doméstico, por exemplo, organizado segundo as mesmas oposições, ou ainda, entre as esperanças e as chances objetivas de realizá-los. Nas próprias sociedades diferenciadas, toda uma série de mecanismos sociais tende a assegurar o ajustamento das disposições às posições, oferecendo por seu intermédio aos que deles se beneficiam uma experiência encantada (ou mistificada) do mundo social.[9]

O erro de alguns "desenvolvedores" dos anos 1960 foi certamente o de pretender agir diretamente sobre esquemas mentais cuja natureza e papel eles não compreendiam, fazendo deles a expressão de uma "mentalidade" julgada por alguns como reformável e por outros como definitivamente bloqueada. Em compensação, todos os debates desse período sobre as relações entre tempo e sociedade são duplamente interessantes: por um lado, eles nos convidam a refletir sobre a categoria do simbólico e sobre o *status* dos esquemas que preexistem à produção do sentido pelos indivíduos em sociedade; por outro, eles nos convidam a nos interrogarmos sobre as razões pelas quais o grande debate a respeito do tempo e do futuro dos anos 1960 deu errado e, mais do que isso, sobre as razões pelas quais, hoje, o tempo como princípio de esperança parece ter desaparecido de nossos debates, de nossas consciências e de nossas perspectivas políticas.

---

9. *Ibid.*, p. 213. [Trad. brasileira, p. 180 – N.T.]

2
MUDANÇA DE ESCALA, ESTADO DAS QUESTÕES E ESTADO DOS LUGARES

No mundo de nossas referências cotidianas, como no império de Carlos V, o Sol já não se põe e pressentimos que, para o melhor ou para o pior, a sina de alguns não poderia ser totalmente alheia aos outros. O mundo de informações e de imagens que nos submerge confirma nosso sentimento de viver uma situação "fechada" (global), de onde eventualmente são eliminados os desvios à norma mais incômodos. A resistência a esse estado de fato foi recentemente expressa várias vezes pela reunião de movimentos ditos de "altermundialização" – movimentos bem heterogêneos que, a princípio, devem ser considerados como sintomas de uma tomada de consciência planetária. Contudo, por ora, essa tomada de consciência é fragmentária ou impotente; o novo espaço público planetário ainda não surgiu e, finalmente, predomina uma espécie de surpresa fascinada, nos observadores do mundo contemporâneo, diante da extensão de uma repentina mudança de escala e de cenário, cujos efeitos e consequências a longo termo eles não souberam nem sabem ainda imaginar.

Vivemos, sem ousar muito nos darmos conta disso, um período de transição em cujo fim a Terra não passará de um ponto de referência e de partida. A exploração do espaço mal acaba de começar, mas a evolução política e científica do planeta, daqui por diante, está profundamente orientada para essa nova perspectiva. A medida do tempo e do espaço muda a partir do momento em que a Terra, em seu conjunto, torna-se um ponto de referência e de partida; ela muda na própria terra: em diversos aspectos, o planeta como tal tornou-se a unidade espacial de referência; o século, que poderia parecer uma unidade histórica insignificante em relação ao espaço-tempo no qual apreendemos o universo, será, no entanto, uma referência grande demais para dar conta da história por vir. A famosa aceleração da história não é senão a história das mudanças de medidas e de referências que lhe permitiram se constituir: nós nos damos conta, retrospectivamente, das épocas pré-históricas apenas em termos de eras ou idades, essencialmente a partir das inovações tecnológicas que aí surgiram; os tempos históricos são abordados em milênios, e depois em séculos. Para explicarmos a luta de influência do cristianismo e do islã na Europa mediterrânea, contamos ainda por grupos de séculos: entre a "reconquista" cristã de Toledo e a de Granada, quatro séculos se passaram. Para explicarmos a época moderna, o século torna-se um período extenso demais: do início ao fim dos séculos XVII, XVIII e XIX, a extensão das mudanças científicas e políticas é bem grande e, mesmo se estilos de pensamento e estilos estéticos têm a marca deste ou daquele século, mediante aproximações consideráveis, a pertinência do recorte da história em períodos seculares cria questionamentos. Alguns historiadores se deliciam com essas nuanças, mas o essencial concerne o presente: será que não podemos considerar que aconteceram, no último meio século, mais transformações científicas e tecnológicas radicais do que desde o aparecimento da humanidade? Ao longo do século XXI, será que não precisaremos estudar períodos de vinte ou dez anos para termos uma ideia da dimensão das transformações ocorridas?

Assim, mal nos inteiramos das modificações brutalmente aceleradas que fizeram do planeta um espaço de comunicação, e já são introduzidas as experimentações que, amanhã, farão que o corpo humano esteja apto para suportar, de modo durável, a força da gravidade, para multiplicar as *performances*, integrar elementos mecânicos e eletrônicos e se aproximar do modelo do homem "biônico" imaginado pela ficção científica. Por outro lado, a cooperação internacional em matéria de exploração espacial exprime a unidade imposta ao planeta por seus novos objetivos, mesmo se essa unidade consagra as relações de força existentes. Um belo dia, ficaremos sabendo que uma nova América foi descoberta, ou várias, no mesmo momento em que teremos visto partir os exploradores dos novos tempos sem lhes dar mais importância do que os habitantes de Extremadura, seis séculos antes, deram aos futuros conquistadores. E, no entanto, as consequências dessa nova conquista serão, no fim, em todos os planos, ainda mais decisivas para o futuro dos terráqueos do que foi a primeira.

Há uma ou duas décadas, o presente tornou-se hegemônico. Aos olhos do comum dos mortais, ele já não é oriundo da lenta maturação do passado, não deixa mais transparecer os lineamentos de possíveis futuros, mas se impõe como um fato consumado, opressivo, cujo repentino surgimento escamoteia o passado e satura a imaginação do futuro.

Esse mundo do presente é marcado pela ambivalência do impensado e do impensável: impensado do consumo, à imagem de um presente intransponível caracterizado pela superabundância dos objetos que ele nos propõe; impensável da ciência, sempre além das tecnologias que são sua consequência. O mundo do consumo basta a si mesmo; ele tem ares de cosmologia: define-se por seu manual de utilização. A cosmotecnologia, se entendermos por isso o conjunto das tecnologias colocadas à disposição dos humanos para gerenciar sua vida material e o conjunto das representações ligadas a elas, é para si mesma seu próprio fim; ela define a natureza e os meios das relações que os humanos podem ter referindo-se a ela: mundo da imanência em que a imagem remete à imagem e a mensagem à mensagem; mundo a ser consumido imediatamente, como os doces de creme; mundo a ser consumido, mas não a ser pensado; mundo em que, ao mesmo tempo, podem-se utilizar procedimentos de assistência, mas não elaborar estratégias de mudança.

Quanto ao mundo da ciência, ele está sempre em movimento, nas fronteiras do conhecido e do desconhecido que estendem suas órbitas variáveis nos espaços do infinitamente grande e do infinitamente pequeno. Quanto à sua verdadeira finalidade, cada dia mais explícita – estrutura do universo, origens e mecanismos da vida –, as tecnologias que se encerram em torno do planeta são apenas uma consequência tranquilizadora e, nesse sentido, alienante. Mas a indissociável dupla ciência/tecnologia, por seu lado, só nos promete descobertas, deslocamentos de horizontes e inversões de perspectivas.

A história das ciências, a história das ideias e a história da arte sempre levaram em conta o contexto, mas a noção de contexto pode ser entendida em vários sentidos e, além disso, ela não tem o mesmo *status* quando se refere às ciências duras ou às ciências humanas.

A ciência e as artes desenvolvem-se em meios particulares, em épocas particulares, e todos sabem que só podem ser estudadas e compreendidas plenamente à luz desse contexto geral. Mas elas se desenvolvem também em função de um contexto próprio a cada uma delas, à história particular da disciplina. Essa distinção clássica na história das ciências entre o ponto de vista "externo" e o ponto de vista "interno" não é, todavia, absoluta e pode evoluir. Em todos os casos, é a relação entre o estado das questões (o ponto de vista "interno") e o estado dos lugares (o ponto de vista "externo") que está em questão.

Em todas as disciplinas das ciências e da arte, o estado das questões é evolutivo: há um progresso dos conhecimentos, visivelmente cumulativo no caso das ciências, já que sua matéria é inesgotável, e mais complicado no das artes, pois a própria matéria da obra (o som, a luz) ou suas formas (a melodia, a figura, as cores) tornam-se objeto e não mais instrumento da criação e da pesquisa artística – o que pode ser ocasião de redescobertas ou de atualizações que não têm equivalente no campo científico: a descoberta da "arte negra", em seu tempo, e, mais recentemente, a das pinturas aborígenes têm relação com um "ritmo" especificamente artístico.

O caso das ciências sociais é intermediário. Não se pode negar que elas progrediram ao longo do século XX; a cartografia do saber enriqueceu-se; os mais diversos modos de organização social foram estudados; campos novos, revolucionários, foram abertos (a psicanálise); a própria história, as mudanças e os traumatismos que ela impôs aos indivíduos e às sociedades, no mais das vezes, tragicamente, constituíram uma espécie de experimentação *in vivo* que foi, para elas, o equivalente das experiências científicas. Os etnólogos, por exemplo, só estudaram grupos profundamente perturbados pelo contexto colonial. Sem dúvida, no campo das ciências sociais, não é possível nem desejável distinguir radicalmente o estado das questões e o estado dos lugares.

O estado dos lugares é o contexto geral (econômico, político) de onde se originam várias atitudes mentais e comportamentos. Na linguagem marxista dos anos 1960-1970, falava-se, a seu propósito, de ideologia dominante.

O que simplifica e complica as coisas, a um só tempo, é que, obviamente, cada vez mais o estado das questões faz parte do estado dos lugares. As mídias difundem uma informação sobre a ciência e suas consequências tecnológicas que contribui para a formação da consciência social. Sobretudo, as políticas de pesquisa, a escolha dos programas (que custam cada dia mais caro), dependem bastante do estado dos lugares. Os modos intelectuais, as peripécias históricas e, mais ainda, o que está em jogo na economia pesam sobre o estado das questões. O cientista, por mais "dura" que possa ser sua ciência, não está fechado em uma torre de marfim.

O caso das ciências humanas ou sociais é particular: tradicionalmente, o estado dos lugares faz parte de seu objeto; nesse sentido, trata-se de ciências históricas (tomadas na história). As ciências da natureza e da vida descobrem uma complexidade crescente, dizem, mas o que cresce, de fato, é o conhecimento que elas têm dessa complexidade – a qual estava ali desde o início. Os grandes acontecimentos aos quais essas ciências podem fazer referência (aparecimento da vida, nascimento do universo) evidentemente não se situam em um tempo histórico, mas são, antes, expressões da complexidade de seu objeto.

Já as ciências sociais lidam com uma dupla complexidade. Em primeiro lugar, a complexidade própria de seu objeto. Sobre ela podemos falar de progresso do conhecimento (sabemos mais coisas hoje do que sabíamos ontem sobre a maneira como se estruturam e se simbolizam as relações de poder, de filiação, de aliança, os sistemas religiosos, as organizações econômicas...). E, em segundo lugar, a complexificação histórica de seu objeto: as formações políticas e sociais, as ideologias, a ordenação do espaço e a demografia mudam e essa mudança mesma é também objeto das ciências sociais. Ou seja, por um lado, o estado dos lugares é, aqui, uma exigência, como para as ciências duras, mas também um objeto, e, por outro lado, por essa mesma razão, as ciências sociais não são, evidentemente, ciências como as ciências da natureza ou da vida. Essa constatação não corrobora uma concepção relativista, qualitativa e laxista dessas disciplinas, mas corresponde simplesmente ao fato de que, no campo das ciências humanas e sociais, os objetos e a experimentação são históricos, o que não é o caso das ciências da natureza e da vida. Os meios e as técnicas da pesquisa não estão aqui em questão e não devem iludir: o objeto da demografia ou da economia quantitativa, por exemplo, é sempre histórico. Evidentemente, elas não são ciências no mesmo sentido da física, da química ou da biologia.

Em todos esses casos, a pesquisa deve desconfiar da evidência. O estado das questões, em todas as disciplinas da ciência, da arte ou da gestão, pode ser um fator de imobilismo, de rotina, de repetição quando ele se expressa, de modo aparentemente definitivo em fórmulas que sancionam a tirania do presente; citemos, entre as mais recentes, as que brilharam: o "fim da história", a globalização, ou talvez até mesmo a mais clássica e antiga "lei do mercado" – fórmulas que, apresentadas como intransponíveis, são interdições de pensar.

As expressões da evidência, transmitidas e amplificadas pelo sistema mundial de comunicação, pertencem, com frequência de modo simultâneo, ao estado das questões e ao estado dos lugares, e essa dupla porosidade tem todas as chances de aumentar futuramente. Mas ela é característica do estado de transição que vê o planeta se transformar insensivelmente em ponto de partida e de referência – transformação que diz respeito, a um só tempo, à história geral e à história das ciências.

Essa mudança de escala pode ter uma consequência feliz, obrigando as ciências, a filosofia e as artes a descobrir e explorar seus territórios comuns. O reino da cosmotecnologia tem duas faces; a das evidências é a primeira, luminosa e ofuscante; sobre a segunda, a face oculta, pode-se aprender a decifrar a necessidade de solidariedade entre ciências, tecnologias e sociedades. A pesquisa científica faz descobertas cuja aplicação em todos os campos pode transformar a vida e até mesmo a identidade dos humanos. As questões colocadas concernem, então, a sociedade, não apenas aos "especialistas" ou às belas almas, mas a todos aqueles que se preocupam com o futuro social dos humanos. Os comitês de ética ou outras comissões de circunstância exprimem à sua maneira a necessidade dessas novas colaborações. Mas, bem além dessa necessidade, seu surgimento corresponde a um fenômeno maior: a história alcançou a ciência.

A história alcançou a ciência ou, mais exatamente, a ciência entrou na história. Não simplesmente no sentido de que as consequências da ciência, suas aplicações, podem criar problemas éticos (é sabido, há muito tempo, que "ciência sem consciência é apenas a ruína da alma"), mas no sentido de que os objetos da especulação científica tornaram-se objetos históricos. A "conquista do espaço" ou a exploração do ser vivo fazem, agora, parte do estado dos lugares, não apenas em virtude de suas eventuais aplicações para a Terra e os homens, mas porque elucidam os parâmetros do futuro. Os cientistas se dão conta disso e sempre se apressam em salientar os aspectos práticos, aplicáveis, de suas descobertas, especialmente seu interesse médico (acerca da clonagem ou das experiências que combinam neurônios e microprocessadores), como que para temperar, pela linguagem tranquilizadora da cosmotecnologia, a vertigem que introduzem na história dos homens. O futuro de nossas sociedades, o futuro do planeta como conjunto de sociedades, não pode ser imaginado fazendo-se abstração da ciência. É ela, no fim, que ordenará o social, e a oposição entre ponto de vista "externo" e ponto de vista "interno" logo se tornará obsoleta.

3
GLOBALIZAÇÃO, URBANIZAÇÃO, COMUNICAÇÃO, INSTANTANEIDADE

Há, hoje, uma ideologia da globalidade sem fronteiras que se manifesta nos mais diversos setores da atividade humana mundial. Ora, a globalidade atual é uma globalidade em rede que produz efeitos de homogeneização, mas também de exclusão. Pode-se medir essa tensão ou essa contradição interrogando-se sobre o conceito de mundialização, que tem várias acepções, e também sobre o fenômeno mais marcante do século que acaba de terminar: a urbanização do planeta – considerada pelo demógrafo Hervé Le Bras uma etapa decisiva da história da humanidade, um fenômeno tão importante nessa história quanto a passagem para a agricultura.

O termo "mundialização" remete a duas ordens de realidade: por um lado, ao que chamamos de "globalização", que corresponde à extensão sobre toda a superfície do globo do mercado dito liberal e das redes tecnológicas de comunicação e de informação; por outro, ao que poderíamos chamar de consciência planetária ou "planetarização", que tem também dois lados.

Estamos cada vez mais conscientes de habitar num mesmo planeta, frágil e ameaçado, infinitamente pequeno em um universo infinitamente grande; essa consciência planetária é uma consciência ecológica e inquieta: nós todos compartilhamos um espaço reduzido que tratamos mal. Essa consciência exerce uma incontestável influência sobre nossa relação com a história, a nossa história, visto que ela *deslocaliza*, por vezes mediante dilaceramentos e sofrimentos sem precedentes em tal escala. As novas situações de aculturação ou de migração e de exílio transformam a percepção do tempo de modo ainda mais radical do que a percepção do espaço.

Estamos também conscientes da distância, cada vez maior, entre os mais ricos dos ricos e os mais pobres dos pobres, e da distância paralela entre saber e ignorância; essa linha de fratura não recobre totalmente a oposição entre países desenvolvidos e países subdesenvolvidos (há pobres e excluídos do saber nos países ditos "desenvolvidos"; há países cientificamente emergentes), mas ela contribui para reproduzir essa oposição na medida em que os países desenvolvidos estão cada vez menos preocupados com sua missão de difusão científica.

A consciência planetária como consciência ecológica e social é, assim, uma consciência infeliz.

Já o termo "globalização" refere-se à existência de um mercado mundial liberal, ou que pretende sê-lo, e de uma rede tecnológica generalizada para todo o planeta, mas à qual grande número de indivíduos ainda não tem acesso. O mundo global é, portanto, um mundo em rede, um *sistema* definido por parâmetros espaciais, mas também econômicos, tecnológicos e políticos.

Essa dimensão política foi mostrada com clareza por Paul Virilio em várias obras, especialmente em *A bomba informática*,[1] em

---

1. P. Virilio, *La bombe informatique*. Paris: Galilée, 1998. [*A bomba informática*. Trad. Luciano V. Machado. São Paulo: Estação Liberdade, 1999 – N.T.]

que ele analisa a estratégia do Pentágono americano e sua concepção da oposição entre global e local. Para o Pentágono, nos diz Virilio, o global é o sistema do qual acabo de falar, mas considerado de seu próprio ponto de vista, do ponto de vista do sistema: é, portanto, o *interior*; e, ainda desse ponto de vista, o local torna-se o *exterior*. No mundo global, global opõe-se a local como interior a exterior. Quando Fukuyama evoca o "fim da história" para salientar que a associação democracia representativa–economia liberal é intelectualmente intransponível, ele introduz, ao mesmo tempo, uma oposição entre sistema e história que reproduz a existente entre global e local. No mundo global, a história, no sentido de uma contestação do sistema, só pode vir do exterior, do local. O mundo global supõe, ao menos idealmente, a supressão das fronteiras e das contestações em prol de uma rede de comunicação instantânea.

Essa supressão das fronteiras, que pretenderia ser uma supressão do tempo, é exibida pelas tecnologias da imagem e pela ordenação do espaço. Os espaços de circulação, de consumo e de comunicação multiplicam-se sobre o planeta, tornando visível, de modo muito concreto, a existência da rede. A história (o afastamento no tempo) está paralisada nas representações de diversas ordens que fazem dela um espetáculo para o presente e, mais particularmente, para os turistas que visitam o mundo. O afastamento cultural e geográfico (o afastamento no espaço) tem a mesma sina. O exotismo, que sempre foi uma ilusão, torna-se duplamente ilusório a partir do momento em que é exibido. E as mesmas cadeias hoteleiras, os mesmos canais de televisão delimitam o globo para nos dar a sensação de que o mundo é uniforme, o mesmo em toda a parte, que só os espetáculos mudam, como na Broadway ou na Disneylândia. O reino da imagem, reforçado pelo desenvolvimento das redes de comunicação, acentua, a um só tempo, o caráter "hiper-real" do sistema, para retomar a expressão criada por Umberto Eco, e a crescente indistinção entre real e ficção. Tudo é espetáculo no sistema, mas o acesso ao espetáculo identifica-se com o cúmulo do consumo.

O novo espaço planetário existe, mas não existe, entretanto, espaço público planetário. O espaço público é o espaço no qual se forma a opinião pública. Na Grécia das cidades-Estado, havia coincidência entre o espaço material da ágora e o lugar de expressão e de formação da opinião pública. Em determinadas cidades da Itália, onde subsiste uma cultura da praça pública, ainda se veem grupos de homens (sobretudo de homens) discutindo, às vezes apaixonadamente, assuntos locais ou nacionais. Em Londres, o Hyde Park acolhe pregadores, mas também oradores que expressam sua opinião na via pública.

Compreende-se que nos Estados modernos, contudo, o espaço público não possa se limitar a algumas praças no centro das cidades. A imprensa e o rádio tomaram seu lugar e organizam, em princípio, rubricas e programas ("espaços") nos quais leitores ou ouvintes podem se expressar. A imprensa é também uma parte do espaço público quando ela diz ser imprensa "de opinião". A imprensa de opinião, que se concorde ou não com suas ideias, desempenha um papel importante na formação e na informação do público, precisamente porque ela é "engajada" na vida pública e toma partido. Mas, com frequência, a imprensa dita apolítica desempenha um papel insidioso ao apresentar a atualidade oficial como a norma e ao modelar, inconscientemente, as sensibilidades individuais.

As coisas se complicam com a técnica das pesquisas ditas "de opinião" e mais ainda com a televisão. Essas pesquisas pretendem mostrar uma fotografia instantânea da opinião em certo momento, mas é sabido que as respostas fornecidas no momento dos questionários dependem, muitas vezes, da formulação das questões.

A televisão está cada vez mais tagarela, faz falar testemunhas ou constitui "painéis" de indivíduos que pretensamente expressam a diversidade da opinião pública, sem nenhuma garantia de representatividade estatística. As novas técnicas de comunicação, sobretudo a internet, propõem um extraordinário canal de trocas de todos os tipos, mas ele não é aberto a todos, pode ser confiscado por grupos organizados e se prestar a certas manipulações.

A globalização complica ainda mais o esquema, pois, a um só tempo, acarreta uma multiplicação das imagens e das mensagens e contribui para a uniformização da informação, das referências e dos gostos. Não há espaço público planetário, embora estejamos cada dia mais conscientes do fato de que nossas vidas dependem de decisões e de acontecimentos que escapam a nosso controle direto e só têm significado em escala global. As mídias, que, por ora, constituem uma instância de substituição a esse espaço público planetário inexistente, estão perpetuamente submetidas à tentação de confundir espaço público e espaço *do* público, no sentido teatral do termo. Esse público, que se quer às vezes seduzir e lisonjear mais do que informar, é, com frequência, convidado a consumir passivamente as notícias do mundo, como um espetáculo de cinema ou uma série televisiva.

Mas o ser humano continua a ser "um animal político", no sentido grego do termo. Quaisquer que sejam as restrições do sistema global, ele não desiste de se expressar, na rua, pelo voto, ou de algum outro modo. Recentemente houve um acontecimento que certamente terá consequências: foram realizadas pesquisas mundiais sobre a eleição presidencial americana de 2004. O desejo do mundo – que votou em Kerry, com exceção de dois países – não foi o da maioria do povo americano. Mas o que é interessante e significativo é que, pela primeira vez na história do planeta, se teve a ideia de fazer tais pesquisas. Nós todos sabemos que as escolhas dos Estados Unidos concernem a cada um de nós. Sabemos que a vida política, como a vida econômica, mudou de escala. E algo como uma opinião mundial está surgindo. Uma opinião mundial não quer dizer, necessariamente, uma opinião unânime, mas uma opinião que interessa o mundo inteiro. Do mesmo modo, uma cultura mundial não é uma cultura homogênea ou única, mas uma cultura que interessa o mundo. Ainda não somos cidadãos do mundo, mas se continuarmos a nos interessar pelo estado do mundo, teremos uma chance de seguirmos sendo cidadãos em nossa terra e, talvez, de nos tornarmos um dia cidadãos da Terra.

Há, portanto, algo fascinante na propagação rápida dos meios de transmissão instantânea das mensagens e das imagens. É um fenômeno cuja existência não podemos ignorar, nem minimizar sua importância, mas é preciso estar vigilante em relação aos riscos que acarreta, os quais são comparáveis às esperanças que ele pode suscitar, por exemplo, no campo da educação e da informação: as mídias são a melhor coisa do mundo com a condição de que aqueles que recorrem a ela não esqueçam que os meios não são fins e as imagens não são o real.

Todavia essa última proposta cria várias dificuldades. Em primeiro lugar, as mídias, em sua forma atual, tendem a se insinuar na intimidade corporal daqueles que as utilizam. Vemos cada vez mais pessoas que parecem depender quase que fisicamente de seu telefone celular, de seu computador ou do mundo musical, que, com fones nos ouvidos, levam consigo para o centro da cidade ou para viagens. Essa aproximação das mídias ao corpo, no qual elas investem progressivamente e que acabam habitando, é a mesma realizada pela ficção científica (pensemos no homem e na mulher "biônicos" das séries americanas) e pelos contos do passado que, em todas as culturas, brincam com as capacidades do corpo humano. Ela concerne também às inovações mais recentes em matéria de segurança: hoje, em alguns países, determinados pequenos delinquentes ou delinquentes sexuais ficam em liberdade aparente, mas são obrigados a usar pulseiras eletrônicas que indicam sua presença onde quer que estejam. É sabido que um indivíduo procurado por certos motivos pode ser localizado e encontrado a partir de seu telefone celular. Não podemos dissociar a imagem das mídias do papel que elas desempenham discretamente em colocar sob vigilância a vida pública e privada.

Talvez o indivíduo humano venha a ser um dia tão dependente das mídias, às quais seu corpo está cada vez mais literalmente ligado, quanto desse próprio corpo, do qual sabemos bem que, de mal-estar em mal-estar, impõe sua lei ao ser que finalmente desaparece com ele. Talvez, em breve, o homem esteja tão dependente de seus meios de comunicação ou de informação quanto de seus óculos ou de seus aparelhos auditivos. A miniaturização dos aparelhos eletrônicos enfatiza essa tendência, a plurifuncionalidade dos instrumentos também: já podemos fazer fotos com nossos telefones celulares e até mesmo ver televisão neles. É difícil imaginar o efeito dessas novas proximidades, dessas inserções tecnológicas, sobre as gerações futuras.

Enfim, o problema do que as mídias difundem ou transmitem está sempre presente. Os exemplos de manipulação das mídias pelos poderes em vigor são inúmeros. Sabemos que podemos fazer as imagens dizerem o que quisermos. Mas a questão é ainda mais complexa e a globalização não facilita as coisas: não apenas só vemos o que nos mostram, mas a força das imagens "recorrentes" é tanta que podemos ser levados a achar que as mensagens impostas por elas são a própria história, a realidade pura e simples. Não há mais acontecimento que não seja midiatizado. A expressão "acontecimento midiático" é um pleonasmo. Mesmo se não concordamos com determinado comentador, mesmo se temos reações "pessoais" diante dos acontecimentos do mundo, pensamos conhecer este mundo e seus atores. Temos uma familiaridade cada vez maior com o estado do mundo, e a evidência das imagens nos faz esquecer de que, na verdade, não vimos nada, que sabemos pouco e mal. Do mesmo modo, pensamos conhecer aqueles que nos governam porque reconhecemos a imagem deles. O efeito perverso das mídias, independentemente da qualidade e das intenções daqueles que as dirigem, é que elas nos ensinam a reconhecer, ou seja, a acreditar conhecer, e não a conhecer ou aprender.

Outro efeito perverso das mídias é o de abolir insensivelmente a fronteira entre o real e a ficção. A televisão tem um grande papel nessa abolição, pois cria um mundo artificial com indivíduos reais, o "mundo da televisão", onde se encontram, indiferentemente, em uma espécie de Olimpo na tela, personalidades políticas, estrelas de todos os tipos, atores, apresentadores, famosos do esporte e algumas outras celebridades. Aos poucos surge o sentimento, nos telespectadores, de que o aparecimento na tela é a prova cabal de uma existência de sucesso. Viver intensamente é, no fim das contas, existir no olhar dos outros, tornar-se uma imagem, passar para o outro lado da tela. Mas a televisão não está sozinha nisso. Ela se vale de todos os recursos da tecnologia para ajudar os espectadores a tornarem-se objeto do olhar dos outros. Ela pede ao público para lhe escrever e-mails e SMS, para ligar computadores e celulares, os quais suscitam, eles mesmos, a imagem de um mundo sem fronteiras onde a comunicação se efetua instantaneamente, até o momento em que ela lhe oferece uma recompensa suprema: entrar na tela na hora de um jogo televisivo ou de uma emissão de *telerrealidade*.

Dito de outro modo, hoje, as mídias desempenham o papel que, tradicionalmente, cabia às cosmologias – essas visões do mundo que são, ao mesmo tempo, visões da pessoa e que criam uma aparência de sentido ligando intimamente as duas perspectivas. As cosmologias esquadrinham o espaço e o tempo "simbolizando-os", ou seja, impondo-lhes uma ordem arbitrária que se impõe também às relações que os seres humanos mantêm entre si e com o mundo. A necessária significação do universo, que Lévi-Strauss liga ao aparecimento da linguagem, deu-se pela imposição, sobre a realidade do mundo, de uma lógica simbólica que se aplicava também às relações entre os humanos. O mesmo acontece hoje com o que se poderia chamar as "sociedades do código", com a ressalva de que as relações entre os humanos dependem aí, cada vez mais, de suas relações com as tecnologias e as mídias, que são os produtos mais elaborados da sociedade de consumo: são relações que passam pelas mídias. Já não são, nesse sentido, relações simbolizadas, são comandadas por códigos e regras efêmeras. Remetem, depois do uso, o usuário/consumidor à sua solidão.

No estado atual do mundo, o papel das mídias e das tecnologias é inseparável do fenômeno da globalização, se entendermos por esse termo a combinação do mercado liberal planetário e da comunicação geral instantânea. Essa combinação é concedida, no plano filosófico, ao tema do "fim da história". O reino das imagens e das mensagens que circulam em todos os sentidos e de maneira instantânea graças às tecnologias da comunicação corroboram essa ideologia do presente.

As tecnologias, hoje, concorrem com as religiões e com as filosofias em recompor o tempo e o espaço. As mídias estruturam nosso tempo cotidiano, sazonal e anual. A vida política, artística, esportiva não pode mais ser concebida sem o intermédio das mídias. Elas alteram nossa relação com o espaço e o tempo, impondo-nos, pela força das imagens, determinada ideia do belo, do verdadeiro e do bem, e também do habitual, do normal, e, no fim das contas, da norma; ou seja, hoje, determinada ideia do consumo, que elas reproduzem incessantemente porque elas próprias são bens de consumo. São totalitárias por essência. A "cosmotecnologia" explica tudo, conta tudo e se dirige a todos. Como as outras cosmologias, ela aliena aqueles que a tomam ao pé da letra.

A urbanização do mundo, a extensão dos "filamentos urbanos" de que fala o demógrafo Hervé Le Bras em seu livro *La planète au village*,[2] o fato de que a vida política e econômica do planeta depende de centros de decisão situados nas grandes metrópoles mundiais – todas interconectadas e constituindo juntas uma espécie de "metacidade virtual" (Paul Virilio) – completam o quadro. O mundo é como uma imensa cidade. O mundo-cidade, em cujo interior circulam e se trocam todas as categorias de produtos, inclusive as mensagens, os artistas e as modas, estende seus tentáculos sobre todo o planeta e constitui o espaço onde se manifesta a cosmotecnologia em todos os seus aspectos.

Mas também é verdade que cada cidade grande é um mundo e até mesmo um resumo do mundo, com sua diversidade étnica, cultural, social e econômica. As fronteiras ou as barreiras, cuja existência talvez tenhamos tendência a esquecer diante do espetáculo fascinante da globalização, nós as encontramos, evidentes, impiedosamente discriminantes, no tecido urbano tão variado quanto dilacerado. É acerca da cidade que se fala de bairros difíceis, de guetos, de pobreza e de subdesenvolvimento. É na cidade grande, na megalópole, que se concentram os imigrantes que fogem dos países do "Sul" – esses países para eles "fora do sistema", mas que, no entanto, frequentemente abrigam as estruturas hoteleiras internacionais aonde turistas oriundos do "Norte" vão relaxar. Uma grande metrópole, hoje, acolhe e encerra todas as diversidades e desigualdades do mundo. Encontramos vestígios de subdesenvolvimento em uma cidade como Nova York e há bairros

---

2.   H. Le Bras, *La planète au village*. La Tour-d'Aigues: L'Aube-Datar, 1993.

de negócios conectados à rede mundial nas cidades do Terceiro Mundo. A cidade-mundo relativiza ou desmente, apenas com sua existência, as ilusões do mundo-cidade.

Muros, separações, barreiras aparecem em escala local e nas práticas de espaço as mais cotidianas. Na América, há cidades privadas; na América Latina, no Cairo, e por toda parte no mundo, vemos surgir bairros privados, setores da cidade onde só se pode entrar comprovando sua identidade e seus relacionamentos. Estamos acostumados a que os prédios onde vivemos na cidade sejam protegidos por códigos de acesso. Só podemos consumir com a ajuda de códigos (sejam eles os dos cartões de crédito, dos telefones celulares ou dos cartões especiais criados pelos supermercados, pelas companhias aéreas ou outros). Visto em escala individual e de dentro da cidade, o mundo global é um mundo da descontinuidade e da proibição.

A oposição entre mundo/cidade e cidade/mundo é paralela à do sistema e da história. Ela é, por assim dizer, sua tradução espacial concreta. Tem consequências no campo da estética, da arte e da arquitetura. Os grandes arquitetos tornaram-se astros internacionais; assim, quando uma cidade aspira a figurar na rede mundial, procura entregar a um deles a realização de um edifício que terá valor de monumento, de testemunho: ele provará a presença ao mundo, ou seja, a existência na rede, no sistema. Os projetos arquitetônicos levam em conta, em princípio, o contexto histórico ou geográfico, mas eles são apropriados pelo consumo mundial: é o afluxo de turistas oriundos do mundo inteiro que sanciona seu êxito. A cor global apaga a cor local. O local transformado em imagem e em cenário é o local com as cores do global, a expressão do sistema.

A grande arquitetura mundial inscreve-se na estética atual, que é uma estética da distância que tende a nos fazer ignorar todos os efeitos de ruptura. As fotos tiradas dos satélites de observação, as vistas aéreas nos acostumam a uma visão global das coisas. A miséria é bela, pitoresca, observada de longe e do alto. As torres de escritórios ou de moradia educam o olhar, como fizeram e continuam a fazer o cinema e mais ainda a televisão. O fluxo dos carros na estrada, a decolagem dos aviões nas pistas do aeroporto, os navegadores solitários que dão a volta ao mundo em veleiros sob o olhar dos telespectadores nos dão uma imagem do mundo tal como gostaríamos que ele fosse. Mas essa imagem se desfaz se a olharmos de bem perto e se formos, como nos convida Michel de Certeau, percorrer a cidade para redescobri-la em sua intimidade violenta, contrastada e contraditória.

O espetáculo do mundo globalizado nos confronta, assim, com contradições que têm, todas, a aparência de mentiras. Contradição entre a existência proclamada de um espaço planetário aberto à livre circulação de bens, de pessoas e de ideias e a realidade de um mundo onde os mais poderosos protegem seus interesses e suas produções; onde os mais pobres tentam, frequentemente em vão e à custa de sua vida, refugiar-se nos países ricos que os acolhem a conta-gotas; onde a guerra das ideias e das ideologias encontra um terreno de ação inédito na rede internacional de comunicação. Contradição entre a existência proclamada de um espaço contínuo e a realidade de um mundo descontínuo em que proliferam as interdições de todo tipo. Contradição, enfim, entre o mundo do conhecimento – que pretende datar o surgimento do universo, medir em milhões de anos-luz a distância às galáxias mais longínquas, datar com certeza o breve aparecimento do homem sobre a Terra – e a realidade social e política de um mundo onde muitos homens se sentem, a um só tempo, arrancados de seu passado e privados de futuro.

4
CONTEMPORANEIDADE E CONSCIÊNCIA HISTÓRICA

Hoje, portanto, o pensamento do tempo é um desafio e uma necessidade. Um desafio, pois tudo nos sugere ou quer nos sugerir que vivemos em um sistema que se colocou, definitivamente, fora da história. Uma necessidade, pois o tema do fim da história, que recusa a esperança a todos os excluídos do sistema global no qual vivemos, é portador de todas as violências.

Talvez seja útil, antes de nos interrogarmos sobre o que poderia ser um pensamento do tempo no contexto da globalização econômica e tecnológica, considerarmos a questão da arte e da estética. A arte e, mais precisamente, a criação artística ou literária questionam, com efeito, a contemporaneidade. São, em vários aspectos, testemunhos de nossa relação com o tempo e, mais precisamente, da relação simultânea com o passado e com o futuro que, quando compartilhada, define uma forma de contemporaneidade. Para responder à questão "o que é ser artista ou criador hoje?", é preciso, em primeiro lugar, abordar várias questões que têm, todas, uma dimensão antropológica, especialmente as três seguintes questões:

1. O que é "ser de seu tempo"?
2. O que é "nosso tempo" hoje?
3. Onde se situam os pontos de articulação entre nossa época e a criação artística ou literária?

Michel Leiris, em seu ensaio *Le ruban au cou d'Olympia*,[1] faz duas observações contrastadas. Por um lado, ele nota que chega um momento na vida dos indivíduos em que eles podem ter a sensação de não pertencer mais plenamente à época na qual, entretanto, ainda vivem – essa sensação pode ser particularmente cruel para o criador, escritor ou artista, que constata já não ter nada a dizer à sua época porque ela não lhe diz nada mais. Mas, por outro lado, Michel Leiris observa que é sempre difícil definir ou localizar os caracteres específicos da época em que se vive. Se nos voltarmos para o passado, em compensação, acontece de percebermos com mais clareza os elementos que ligam um artista ou um autor a seu tempo. O *detalhe* em pintura seria um desses elementos que salientam a pertinência de um artista a seu tempo e, do mesmo modo, sua presença, ou, se se quer, sua sobrevivência na história da arte. Pois é este o paradoxo: é preciso pertencer plenamente a seu tempo para ter uma chance de sobreviver a ele. O detalhe pode, portanto, retrospectivamente, aparecer como um sinal promissor de pertinência histórica. A fita preta em torno do pescoço de Olympia, essa pobre fita, luxo da pobreza, evoca em nós, de forma distante, o interesse – inédito na arte de sua época e, sobretudo, na arte nobre do retrato – que Manet sentia pelas pessoas do povo

---

1. M. Leiris, *Le ruban au cou d'Olympia*. Paris: Gallimard, 1981.

e, mais amplamente, pela cidade e pela Revolução Industrial. Manet, porém, era um artista inquieto, descontente por não ser apreciado com o devido valor por seus contemporâneos. Será preciso um pouco de tempo para que seja reconhecida sua concordância com seu tempo, sua *pertinência*, e, do mesmo modo, afirmada *sua presença* aos olhos da posteridade. Em suma, o artista ou o autor contemporâneo que descobre em obras do passado traços de pertinência histórica e que é sensível à sua presença (elas ainda lhe dizem alguma coisa) deve ver nessa experiência razões para ter esperança. Contemporaneidade não é atualidade.

Portanto, o paradoxo é que uma obra só é plenamente contemporânea se for, a um só tempo, originária (de época) e original, não se contentando de reproduzir o existente. São aqueles que inovam e eventualmente surpreendem ou decepcionam que, retrospectivamente, parecerão plenamente de seu tempo. Precisamos do passado e do futuro para sermos contemporâneos.

Isso significa também que a arte é medida por sua capacidade de estabelecer relações, ou seja, por aquilo que se poderia chamar de sua capacidade simbólica. Sem audiência, sem público, a arte é uma experiência de solidão absoluta. Ela se obriga a ser social. Essa capacidade simbólica afirma-se ainda mais quando a obra continua presente no tempo, enquanto a demanda de que ela é objeto pode evoluir ou mudar. Se fizermos abstração da lei do mercado da arte – o que, convenhamos, é difícil hoje –, podemos concluir que, em arte, a lei da oferta e da procura quase tende a se inverter: a oferta do artista é em forma de questão (vocês me compreendem?) e a demanda do público em forma de apelo (você tem algo a nos dizer?).

Em resumo, a obra, hoje como ontem, é medida em relação a três parâmetros:

a. Sua inscrição em uma história específica, a história "interna", mesmo que a título revolucionário.

b. Sua articulação com seu tempo, sua existência em relação à história "externa", contextual, mesmo se esta só se manifesta a distância.

Esses dois primeiros parâmetros definem a pertinência de uma obra, pertinência tanto em relação à sua época quanto em relação à história da arte.

c. Sua capacidade simbólica, mesmo se ela se manifesta com atraso.

Essa capacidade simbólica é sua atitude de criar um vínculo (intelectual, afetivo, social) com aqueles que a descobrem. Ela define a *presença* de uma obra.

Quanto a nosso tempo, o tempo no qual temos a sensação de viver hoje é um tempo acelerado que nos confronta com três paradoxos que se somam aos que acreditamos já ter localizado.

O primeiro paradoxo, evocado acima, é espaçotemporal. A medida do tempo e do espaço muda. A Terra é apenas um ponto ínfimo em relação ao qual se mede, em anos-luz, a distância às estrelas, mas as mudanças na Terra são tantas que, daqui em diante, precisaremos de períodos curtos para avaliar sua dimensão.

O segundo paradoxo é o surgimento, hoje, de um novo espaço-tempo que parece consagrar a perenidade do presente, como se a aceleração do tempo impedisse perceber seu movimento. Daí uma impregnação do espaço na linguagem. A oposição do global e do local pertence à geografia e à estratégia. Retomemos, sucintamente, as características do novo espaço-tempo no qual a vida econômica e política do globo parece se inscrever:

a. A referência mundial age naturalmente nas representações da globalização econômica e tecnológica, mas também na consciência ecológica e na consciência social daqueles que se inquietam com o aumento da distância entre os mais ricos dos ricos e os mais pobres dos pobres. Uniformização e desigualdade andam juntas.

b. A circulação das imagens e das mensagens em torno do globo e de um ponto a outro do planeta corresponde ao que chamamos de "cosmotecnologia". Vemos se estender paralelamente sobre o planeta espaços do código.

Esses espaços da comunicação, da circulação e do consumo, esses "não lugares", para retomar um termo surgido em 1992, são reservados a usuários individuais e não implicam a criação de relações sociais específicas duráveis. Eles fazem coabitar provisoriamente individualidades, passageiros, passantes.

c. A esse sistema, que esquadrinha a terra, mas não a recobre, corresponde uma teoria do fim da história formulada por Fukuyama, mas antecipada, em certo sentido, por Lyotard quando ele evocava o fim das "grandes narrativas". O fim da história não é o fim da história dos acontecimentos, é a afirmação de um suposto acordo geral sobre o caráter definitivo da fórmula que associa economia de mercado e democracia representativa. O tema do fim das grandes narrativas aplicava-se, por sua parte, ao suposto desaparecimento dos mitos de origem particularistas (cosmogonias próprias a um grupo), sob o efeito da modernidade do século XVIII, e ao desaparecimento dos mitos escatológicos universalistas, das visões do futuro da humanidade, o aparecimento da condição pós-moderna sucedendo as desilusões do século XX.

O terceiro paradoxo, que prolonga o segundo, é que a nova ideologia do presente é a de um mundo que, se por um instante fizéssemos abstração das aparentes evidências difundidas pelo sistema político e tecnológico em vigor, nos apareceria como ele é: um mundo em plena erupção histórica. Nunca a ciência avançou tão rápido. Em alguns anos, a ideia que podemos fazer do universo, mas também do homem, terá sido abalada. Por outro lado, nunca a história nos propôs os desafios que são os da história planetária comum em via de realização. Sem dúvida, enfim, vivemos, com a urbanização do mundo, uma mudança comparável, se acreditarmos em Hervé Le Bras, à passagem do nomadismo à agricultura. E isso torna ainda mais intolerável a ideia de que as desigualdades de todo tipo retiram todo conteúdo real do tema da contemporaneidade.

Se as articulações da criação artística com o tempo em que vivemos são tão difíceis de serem percebidas hoje, isso ocorre precisamente porque esse tempo se acelera e se furta, a uma só vez, e o encobrimento da linguagem temporal pela linguagem espacial, a primazia do código (que prescreve comportamentos) sobre o simbólico (que constrói relações), tem efeitos frontais sobre as condições da criação. O mundo ao redor do artista e a época na qual ele vive mostram-se a ele apenas sob formas midiatizadas – imagens, acontecimentos, mensagens –, elas mesmas efeitos, aspectos e motores do sistema global. Esse sistema é para si mesmo sua própria ideologia; funciona como um manual; ele encobre a realidade como se fosse uma tela, da qual toma o lugar ou, antes, faz as vezes. O mal-estar ou o transtorno dos artistas diante dessa situação são também os nossos, mais exatamente, eles tendem a duplicar os nossos, e acontece de nos interrogarmos não sobre a pertinência deles em relação à época, mas sobre a natureza e a significação de sua presença: o que eles têm para nos dizer?

Daí a sensação que podemos ter por vezes de que os grandes artistas de nosso tempo são os arquitetos. Eles aderem a seu tempo, elaboram suas imagens e seus símbolos. Os mais famosos entre eles edificam nos quatro cantos do planeta *singularidades*, em um duplo sentido: são obras singulares, assinadas, marcadas com o selo de um estilo pessoal, e são obras que, para além de sua justificação local, são concebidas como curiosidades planetárias suscetíveis de atrair os fluxos turísticos mundiais. A cor global substituiu a cor local.

Ao mesmo tempo, a arquitetura mundial, em suas obras mais significativas, parece fazer alusão a uma sociedade planetária ainda ausente. Ela propõe os fragmentos brilhantes de uma utopia fracionada, de uma sociedade da transparência que ainda não existe em lugar nenhum. Toma o lugar, em certo sentido, das ilusões da ideologia do presente, expressa o triunfo do sistema sobre os pontos mais fortes da rede planetária, mas, simultaneamente, esboça algo que é da ordem da utopia e da alusão, designando, figurando um tempo que ainda não chegou, que talvez nunca chegue, mas que continua a ser da ordem do possível.

Nesse sentido, a relação com o tempo expressa pela grande arquitetura urbana contemporânea reproduz, invertendo-a, a relação com o tempo que o espetáculo das ruínas suscita. As ruínas acumulam história demais para exprimir uma história. Não é a história que elas mostram. O que percebemos nelas é, ao contrário, a impossibilidade de imaginar completamente o que elas representavam para aqueles que as olhavam quando não eram ruínas. Elas não dizem a história, mas o tempo, o tempo puro.

Quando contemplamos as pirâmides maias, na floresta tropical do México ou da Guatemala, ou os templos de Angkor emergindo da floresta cambojana, temos ante nossos olhos um espetáculo inédito que não nos mostra história alguma: as ruínas são edificadas sobre as ruínas e elas só voltam à natureza quando são abandonadas pelos homens. O que percebemos diante do espetáculo das ruínas é a impossibilidade de apreender a história, uma história concreta, datada e vivida. A percepção estética do tempo puro é percepção de uma ausência, de uma falta.

Essa consciência da falta é inerente à apreensão estética da obra original. Por isso as cópias reconhecidas como cópias decepcionam: falta-lhes a falta. E é bem sabido que um pintor que pintasse hoje como Rubens ou como algum outro grande clássico não interessaria ninguém, ao passo que a obra de Rubens e dos maiores clássicos continua a ser percebida como presente e pertinente.

Mas o que é verdade do passado talvez seja também verdade do futuro. O tempo puro é indiferentemente passado (mesmo se ele não é história) ou futuro (mesmo se é alheio à prospectiva ou à planificação). A percepção do tempo puro é a percepção presente de uma falta que estrutura o presente orientando-o para o passado ou o futuro. Ela surge tanto no espetáculo da Acrópole quanto no do museu de Bilbao. A Acrópole e o museu de Bilbao têm uma existência alusiva, uma presença forte de uma pertinência indefinível.

Talvez os artistas e os escritores de hoje estejam condenados a procurar a beleza dos "não lugares", a descobri-la resistindo às aparentes evidências da atualidade. Eles se empenham nisso encontrando o caráter enigmático dos objetos, das coisas desconectadas de qualquer exegese ou de qualquer manual, trazendo à cena e tomando por objeto as mídias que pretendiam se fazer passar por mediações, recusando o simulacro e a mimese.

Mallarmé pedia que se procedesse por meio de palavras "alusivas, jamais diretas". Para ele, o hermetismo aparente do poema, como nos lembra Alain Badiou em seu *Pequeno manual de inestética*,[2] se deve a essa obliquidade momentânea que serve para designar uma presença inatingível porque está além do objeto. O que Mallarmé diz do poema pode ser transposto às elaborações atuais da arte, que pretendem ser irredutíveis a uma exegese funcional, historicista ou etnológica. Quando as religiões africanas sobem no palco, quando se expõem altares religiosos uns ao lado de outros, ressalta-se no objeto o que resiste à sua imagem e a seu modo de emprego. É esta a "desobjetivação mallarmeana", mas ela manifesta, além disso, um tempo "puro" na medida em que esses objetos são expulsos da história, não são redutíveis a nenhuma história que desse conta deles.

O hermetismo da arte se deve ao fato de ela tomar por objeto as evidências do contexto para desfazê-las. Sem dúvida foi sempre assim, mas hoje a arte enfrenta a irrupção das imagens, a confusão entre realidade e ficção, o acontecimento midiatizado e definido por sua midiatização, o regime da evidência e o liberalismo que, permitindo-lhe fazer tudo, a recupera para fazer dela um produto do mercado, destiná-la ao museu ou, simplesmente, ignorá-la. A medida da pertinência e da presença sobre os exemplos do passado e sobre a espera do futuro torna-se assim mais difícil pela aceleração da história.

A arte contemporânea está sempre ameaçada de recuperação pelo consumo planetário. A organização da vida artística, por meio das fundações, das bienais e dos fóruns, delineia um mercado da arte que se parece em tudo com o mercado liberal global. Essa situação evidencia, *a contrario*, a necessidade de uma arte distanciada, que não se deixe absorver pela cultura dominante (Dubuffet, em seu panfleto *Asphyxiante culture*,[3] publicado pelas Éditions de Minuit, havia escrito,

---

2. A. Badiou, *Petit manuel d'inesthétique*. Paris: Seuil, 1998. [*Pequeno manual de inestética*. Trad. Marina Appenzeller. São Paulo: Estação Liberdade, 2002 – N.T]
3. J. Dubuffet, *Asphyxiante culture*. Paris: Éditions de Minuit, 1986.

no início dos anos 1980, que o primeiro dever do artista era escapar à cultura). Mas ela evidencia também a dificuldade desse desejável "distanciamento". Yves Michaud, em *L'art à l'état gazeux*,[4] afirma que a estética substituiu a arte, que a grande arte está morta, que a arte contemporânea é uma experiência mundialista como o turismo de massa, que não há mais obra, não há mais aura, contemplação, mas sim modas. As atitudes teriam substituído as obras: os acontecimentos, os encontros, as *performances* e as instalações seriam apenas, de certo modo, uma reduplicação do contexto. Dito de outro modo, o contexto criaria o conteúdo da arte. A arte teria assim mantido certa pertinência (em relação à época), mas teria perdido toda presença, toda capacidade simbólica, só escapando das evidências da imagem por uma nova forma de hermetismo.

Essa constatação é certamente severa demais ou pessimista demais, porém, ela tem o mérito de salientar o fato de que, tanto na arte como fora dela, o contexto foi abalado, e que seria urgente hoje repensar as condições da pertinência reatando o vínculo entre história interna e externa, entre história da disciplina e história contextual. A arte tem dificuldade em mobilizar a atenção de um vasto público para algumas constatações luminosas que continuam a fundar sua existência: a imagem não é o real; o real da imagem não é a própria coisa; a história continua, tanto a história interna que liga a arte a seu passado quanto a história contextual que interroga seu futuro. Pois é este o novo desafio lançado à arte contemporânea: resistir à fagocitose pelo contexto. Se refletirmos sobre isso, admitiremos que as ciências sociais e a literatura, direta ou indiretamente, são confrontadas com o mesmo desafio e têm, como a arte, a tarefa urgente de tomar por objeto esse mesmo contexto, se quiserem escapar à alienação com a qual ele as ameaça.

---

4. Y. Michaud. *L'art à l'ètat gazeux: Essai sur le triomphe de l'esthétique*. Paris: Stock, 2003.

Em outros termos, trata-se, para os artistas, mas também para os observadores da sociedade e para os políticos, de encontrar o sentido do tempo, e, mais além, uma consciência histórica, para construir uma contemporaneidade real. Para o melhor e para o pior, a arte, a sociedade e a história são solidárias.

Hoje, as artes, inclusive as artes plásticas, são facilmente tagarelas, a arquitetura também. A necessidade de escritura atravessa o procedimento artístico, como se a expressão literária tendesse a tornar-se o complemento necessário da iniciativa formal. Essa constatação levanta várias questões, as que se dirigem à própria arte, da qual tentamos dar uma ideia, e as que se dirigem diretamente à literatura.

Esta é, por seu lado, um fator ou uma expressão da mudança? Ela exerce uma ação sobre sua época ou é seu reflexo? Sua situação e seu papel são, quanto a isso, diferentes dos da arte? Devemos falar de mudança pela literatura ou de mudança em literatura? Em que termos, enfim, essa dupla questão é colocada hoje?

A literatura é um fator ou uma expressão da mudança? De saída, pressentimos que esse "ou" é aproximativo, que ele não é a marca de uma alternativa clara. Mas aqui é preciso distinguir e precisar as coisas.

O que se convencionou chamar literatura "engajada" é habitualmente considerado um fator de mudança ou, em todo o caso, uma tomada de posição forte nos debates que animam a sociedade. Mas a mensagem só passa quando é suscetível de ser ouvida, quando expressa, portanto, algo do estado de espírito e da sensibilidade de uma sociedade e de uma época. Quando se diz, por exemplo, que os filósofos do século XVIII "prepararam" a Revolução, se quer dizer, antes, que eles foram parteiros de seu tempo, um pouco como a maiêutica socrática fazia os interlocutores de Sócrates expressarem verdades que eles não tinham totalmente consciência de possuir.

Rousseau, Voltaire e Diderot são "precursores" ou "anunciadores", ou, ainda, "fermentos da Revolução", pois são plenamente de seu tempo. Expressam ideais e exigências de justiça, igualdade, conhecimento e progresso que precisavam ser ditos para existir plenamente. Para falar à época, é preciso saber ouvi-la. Encontramos, nesse ponto, o conceito de pertinência.

Só são verdadeiramente precursores aqueles que pertencem totalmente a seu tempo, mas tal pertencimento se mede melhor com alguma distância. Poderíamos dizer também que a necessidade de certas obras, sua pertinência excepcional, deve-se ao fato de elas terem ouvintes que não são plenamente contemporâneos, ou que essas obras ampliam o horizonte da contemporaneidade. A força de ruptura, a *performatividade* histórica, se se pode dizer, está ligada também a essa dupla inscrição na história, mas os efeitos de ruptura podem ser de naturezas bem diversas e dizer respeito a temporalidades diferentes. O *Contrato social*, de Rousseau, e *O capital*, de Marx, ainda nos concernem, mas não se pode analisar o acontecimento da Revolução Francesa sem se referir ao primeiro, nem o acontecimento da Revolução de Outubro sem se referir ao segundo. Freud nos concerne mais do que nunca, mas sua revolução não tem essa dimensão de acontecimento. A força do existencialismo sartriano seria, antes, a de ser pós-acontecimento. É uma literatura pós-provação, pós-guerra. Digamos, para abreviar, que as modalidades da mudança em literatura e pela literatura são da ordem do anúncio, da resistência ou da renovação e que essas modalidades da mudança se medem também pela importância dos acontecimentos ou das conjunturas em relação às quais elas se situam.

A mudança pela literatura levanta também a questão da mudança em literatura: com efeito, podemos nos colocar a questão de saber se há, em literatura, uma relação com a mudança ou com a revolução que não passe pela forma. Uma literatura nova ou revolucionária é, a princípio, uma literatura que se liberta dos gêneros, dos estilos e das regras que a precederam.

A questão dos gêneros é a mais imediata. O gênero, em literatura, condiciona, com efeito, a natureza da mensagem, do conteúdo. Passar da tragédia ao drama, do conto ao romance é também mudar de ponto de vista sobre a história do mundo – como vemos no caso da tragédia grega. A crise de um gênero diz algo de outra crise, diz algo do público, da sociedade, das condições do que chamei acima de pertinência. Voltaire acreditava ser um grande autor trágico, mas sua importância vem, sobretudo a nossos olhos, de seus contos com ironia mortal e de seus panfletos contra a injustiça e a intolerância. Podemos julgar melhor do que ele, em certo sentido, o que foi sua atualidade, sua originalidade e sua influência. Depois de Voltaire, o mundo já não será o mesmo, mas não graças às suas tragédias. Interrogar-se sobre a primazia de um gênero numa dada sociedade e numa dada época é interrogar-se sobre essa sociedade e essa época.

O romance desenvolveu-se particularmente no século XIX. Ele tem sempre a sociedade ou parte da sociedade como cenário e, indiretamente, como tema. A pertinência do romance em relação à sociedade é incontestável. Ele fala dela. Até mesmo quando não é explicitamente "engajado" (esse termo aparecerá depois da Segunda Guerra Mundial), ele dá uma visão da sociedade, dos grupos e das classes que a compõem, das perturbações e das paixões que ali se exprimem; em suma, ele a interpreta, mesmo que seja apenas no sentido em que um músico interpreta uma obra. Ele exprime um ponto de vista singular sobre o mundo (o do autor) pelos retratos que propõe de seus heróis ou anti-heróis, mas esse ponto de vista é bastante convincente aos olhos de determinados leitores e, assim, logo se torna uma opinião, a forma literária de uma sensibilidade aceita por alguns, eventualmente insuportável para outros, e ganha uma dimensão política, no sentido primeiro e geral do termo. Basta evocar os nomes de Dostoievski ou de Sthendal para ilustrar esse aparente paradoxo: os escritores mais presentes em sua obra são também os mais presentes em seu tempo. Aliás, a proposição é reversível, e foi, sem dúvida, por sua atitude de pintar as misérias do primeiro período industrial que Zola, de romance em romance, impôs sua presença e sua sensibilidade. É preciso acrescentar que o romance do século XIX foi um gênero muito popular, publicado em folhetins nos jornais, e também que, nas versões mais romanescas e mais lidas, frequentemente propôs uma leitura crítica da sociedade.

A questão da forma é mais delicada. Será que basta "pôr um boné vermelho no dicionário",* como dizia o jovem Victor Hugo, para criar uma mudança? Se a revolução da forma é necessária, será que ela é suficiente? Algumas fórmulas fulgurantes de Rimbaud ("mudar a vida", "Eu é um outro"),** lançadas em plena febre adolescente no rastro da Comuna, ricochetearam na superfície da história e explodiram em Maio de 68 ou na prosa lacaniana. Talvez elas ainda não tenham perdido nada de seu poder e podemos esperar perceber um dia desses outros efeitos retardados da revolução feita na linguagem e na poesia pelo gênio efêmero do poeta adolescente. Mas a forma, apenas a forma, será que ela tem esse poder? Czeslaw Milosz, o grande poeta polonês, criticou o Ocidente por ter calado, desde Mallarmé, a fonte viva do poema sacrificando-a em prol do hermetismo e da subjetividade. O filósofo Alain Badiou lhe responde em seu *Pequeno manual de inestética* que Mallarmé não é propriamente falando hermético, e ele adianta, substancialmente, que acontece o

---

*   "J'ai mis un bonnet rouge au vieux dictionnaire." Verso de Victor Hugo no poema "Réponse à un acte d'accusation" (*Contemplations*, I). (N.T.)

**   Trecho da "Lettre du voyant"/"Carta do vidente" (A. Rimbaud a Paul Demeny, 15 de maio de 1871). (N.T.)

mesmo na poesia e na matemática. Ele nos diz que pode existir uma poesia "demagoga", que parece se dirigir a todos porque afaga a forma sensível das opiniões do momento. E, do mesmo modo, existe uma matemática "bastarda" a serviço do comércio e da técnica. Mas se definirmos todas as pessoas igualitariamente pelo pensamento, "então as operações do poema e as deduções da matemática são o paradigma do que se dirige a todos". Assim formulada, a alta exigência do filósofo da poesia antecipa a utopia de uma igualdade de todos: o caráter "hermético" do poema expressaria apenas a ausência dessa utopia e, indiretamente, sua necessidade.

Estamos aqui em um ponto extremo a partir do qual a pertinência da obra define-se como negativa, constatação de ausência, e, por conseguinte, anula a si mesma. Quando a literatura e a arte – ainda que se inscrevam facilmente em sua história interna, mesmo que por uma inversão revolucionária – se separam progressivamente de sua história contextual, ou seja, do público mais amplo, há o risco bem real de vê-las renunciar a desempenhar um papel na sociedade, mesmo que, é verdade, continuem a expressar algo dela (de seus desatinos, de suas incertezas). A dificuldade com a qual, desde então, deparamos pode ser assim resumida: como conciliar a irredutibilidade da literatura à sua função social ou histórica e sua irredutibilidade ao puro cuidado com a forma?

Parece-me que podemos procurar uma resposta a essa questão e, ao mesmo tempo, àquela da relação entre literatura e mudança hoje (hoje = no momento do mundo globalizado, do mercado dito liberal, da comunicação generalizada, da guerra civil planetária, da crescente distância entre os mais ricos dos ricos e os mais pobres dos pobres, no momento do que alguns designam, contraditoriamente, como "fim da história" ou como "choque das civilizações") do lado do que chamarei de a dimensão *antropológica* da literatura.

A pertinência da obra a seu tempo passa, com efeito, por critérios eminentemente antropológicos: a relação de si para consigo, a relação de si com os outros e a relação de todos com o tempo que lhes é comum, mas que cada um vive por seu lado. Os gêneros literários podem ser, mais facilmente que os gêneros artísticos, situados e definidos em relação a esses três critérios, e parece-me que a forma literária é apenas o resultado de sua formatação. Não são critérios formais, já que, ao contrário, pedem uma forma, mas tampouco são critérios sociológicos ou históricos, em todo o caso não diretamente: são simplesmente portadores de ressonâncias, de vestígios da sociedade e da história que assim são transferidos para as relações que um indivíduo – o poeta, o romancista, o dramaturgo ou o personagem de ficção que eles criam – elabora por sua própria conta. A literatura, como pesquisa ou descoberta de si e dos outros, possui, unicamente em virtude dessa dimensão, uma força crítica e prospectiva que vai além de seu objeto imediato. Já não se pode falar nos mesmos termos da cidade depois de Baudelaire ou de Dos Passos, da solidão depois de Flaubert ou Joyce, da memória ou do ciúmes depois de Proust...

É verdade que é bem mais fácil fazer uma constatação dessas acerca dos pensadores da economia e da psique, Marx e Freud, que abalaram os fundamentos da confiança ingenuamente cartesiana que o indivíduo ocidental podia ter em sua autonomia e em sua liberdade. No entanto, Marx e Freud, cada um à sua maneira, foram autores preocupados em sacudir a sociedade e criadores de "grandes narrativas", para falar como Lyotard – Marx imaginando a sociedade futura, Freud imaginando o mito fundador do complexo de Édipo. Hoje o problema é que, justamente, se pensarmos como Lyotard, as grandes narrativas estão mortas. Castigados pelas experiências totalitárias, muitos intelectuais desconfiam de qualquer posição com pretensão "progressista", a um só tempo porque ela parece *déjà vu* e porque poderia desembocar em um voluntarismo tirânico. O sistema da globalização econômica e tecnológica parece triunfar, como se, por uma ironia propriamente histórica, só o capitalismo tivesse conseguido realizar, em sua própria versão, naturalmente, dois velhos sonhos do socialismo: a mundialização e o enfraquecimento dos Estados nacionais.

Mais uma vez, a literatura desempenha, em parte, o papel que deve ser o seu. Os "ensaios" são mais numerosos do que nunca e alguns questionam com brio as incoerências ou as crueldades do sistema que pretende nos servir de história. Na literatura dita de ficção, vemos frequentemente aparecer os espaços anônimos onde se cruzam, sem se encontrar, os habitantes de um mundo em parte alienado pela evidência das imagens que irrompem sobre ele. Há também uma literatura de antecipação, de ficção científica. Mas ela é bastante tentada pela extrapolação das inovações tecnológicas atuais e nos precipita, por um curto-circuito do imaginário, em mundos que já não têm nenhuma relação de sentido com o nosso. Jules Verne falava de sua sociedade. Os romances nos quais ele tentou dar realmente prova de antecipação (*Paris au XXe siècle*) foram fracassos. E a força de suas obras-primas se deve a seu enraizamento em uma sociedade real e contemporânea cuja aspiração ao futuro ele percebia e engrandecia. Talvez a ciência de hoje vá rápido demais para não estafar aqueles que gostariam de ultrapassá-la pela imaginação. Desde então eles são tentados, na literatura como no cinema, a recorrer a uma peripécia grandiosa que lhes permita retomar a história humana sobre novas bases. Sua pertinência é assim duvidosa e seu alcance crítico reduzido.

Evidentemente, não se trata aqui de estabelecer uma seleção ou uma lista dos autores que encarnariam melhor do que outros uma vontade de resistência ou de renovação, e até mesmo uma capacidade de anúncio. Só podemos notar que, na literatura atual, ainda se busca a forma; talvez seja pela forma breve, ensaio ou relato, ou ainda pela mistura sutil dos dois, que novas pertinências se proporão. Talvez logo encontremos algo do espírito do século XVIII (forma breve, mistura de gêneros, espírito crítico). Se fosse esse o caso, os autores, a um só tempo mais representativos de sua época, mais pertinentes e mais abertos à mudança seriam, a meu ver, aqueles conscientes do caráter explosivo da globalização em sua versão atual, que recusariam jogar fora o bebê do universal junto com a água do banho global, continuariam conscientes do fato de que o problema da liberdade apresenta-se no interior de cada cultura e não apenas nas relações entre as culturas, saberiam que a história não acabou, não esqueceriam que o indivíduo é a medida de todas as coisas e procurariam inventar um discurso singular capaz de desmentir, só por sua existência, o caráter inelutável da lei do silêncio, da evidência midiatizada e da resignação consumista.

5
ALIENAÇÃO, MODERNIDADE, DEMOCRACIA, PROGRESSO

Hoje a cultura e a identidade são as palavras mágicas da atualidade e, às vezes, da análise culta que dela se propõe. Talvez os etnólogos tenham alguma responsabilidade no emprego intempestivo dessas palavras, por tê-las utilizado bastante acerca das populações e das "culturas" distantes que estudavam. O próprio pensamento estruturalista dos anos 1960 traduziu-se por um paradoxo ao qual talvez não se tenha prestado muita atenção. É verdade que as invariantes pelas quais ele se interessava relativizavam a importância das análises culturalistas que o haviam precedido, mas essa relativização não era efetuada em nome de um retorno qualquer à "natureza" humana, muito pelo contrário. As lógicas formais que o estruturalismo empenhava-se para atualizar, sobre o modelo das análises linguísticas, para Lévi-Strauss, procediam de operações cerebrais de classificação e de transformação que se podiam ver atuando tanto nos sistemas de parentesco quanto nas construções míticas; elas não eram privilégio ou exclusividade dos "selvagens", ao contrário, podiam ser observadas em muitos comportamentos e representações manifestos nas sociedades tecnologicamente desenvolvidas. Porém, essa base estrutural mais confirmava as configurações culturais nas quais se expressava do que abalava seus fundamentos. Pois era o arbitrário do simbólico, do qual as convenções da língua são outra tradução, que assegurava tudo, a um só tempo a coerência e a eficácia de cada cultura. Sociologicamente falando, na perspectiva estruturalista, somente as culturas como conjuntos significantes existiam. Para a abordagem estrutural, o segredo da submissão ao social que comanda seu funcionamento só é apreendido nas culturas concretamente existentes. "Pois, propriamente falando, é aquele que chamamos são de espírito que se aliena, uma vez que consente em existir num mundo definível apenas pela relação entre eu e outrem",[1] escreve Lévi-Strauss na "Introdução à obra de Marcel Mauss".

Essa "submissão" de princípio do indivíduo ao social era igualmente comentada, na mesma época, fora de qualquer referência etnológica, por um autor como Castoriadis, em uma coletânea reunindo artigos publicados ao longo dos anos 1960.[2] Para Castoriadis, uma dada organização da economia, um sistema de direito, um poder instituído, uma religião "existem socialmente como sistemas simbólicos sancionados", e a relação do indivíduo com a vida social e com a instituição é, nesse sentido, uma relação de alienação. Essa alienação existe nas sociedades sem classes; ela é diferente da relação de exploração própria às sociedades de classes. É essa mesma alienação "inaugural" que Althusser também designava,

---

1. Marcel Mauss, *op. cit.*, p. xx. [Ed. brasileira, *op. cit.*, p. 20 – N.T.]
2. C. Castoriadis, *L'institution imaginaire de la société*. Paris: Seuil, 1975. [*A instituição imaginária da sociedade*. Trad. Guy Reynaud. São Paulo: Paz e Terra, 1991 – N.T.]

quando escreveu, em 1965, em *A favor de Marx*[3] que a própria classe dominante estava em situação de alienação.

O paradoxo do estruturalismo é, portanto, que ele confirma sociologicamente o que desmonta intelectualmente – em todo o caso, sem dúvida em Lévi-Strauss, pois ele se interessa mais pela lógica do espírito do que pela prática histórica. Mas talvez seja possível prolongar o salutar empreendimento de desmistificação estruturalista em outras direções, com base num determinado número de constatações que nos contentaremos aqui em enumerar – a título programático, de certo modo – e de algumas indicações fornecidas, desde a década de 1960, por alguns autores que se inscreviam de maneira original no pensamento dominante da época.

A primeira constatação é que a identidade, individual ou coletiva, é sempre relativa ao outro, relacional. A literatura etnológica, em sua diversidade, o demonstra sobremaneira: a identidade é produto de uma incessante negociação. Aliás, todos nós o sabemos por experiência direta: mudamos, evoluímos, eventualmente enriquecemos e, em todo o caso, nos transformamos no contato com os outros. Daí a preocupação comum a todas as culturas do mundo de enquadrar ritualmente, na medida do possível, as ocasiões mais explícitas de contato entre uns e outros. A identidade rígida, estereotipada, já é solidão, e, inversamente, quanto menos eu estiver sozinho, mais eu existo.

A segunda constatação é que a análise das lógicas e dos mecanismos de "alienação" é uma coisa, mas os processos que eles estruturam são outra. As culturas vivas são culturas em movimento, que aceitam a mudança e o contato. Do mesmo modo que as línguas,

---

3. L. Althusser, *Pour Marx*. Paris: F. Maspero, 1965. [*A favor de Marx*. Trad. D. Lindoso. Rio de Janeiro: Zahar, 1970 – N.T.]

modelo de toda organização simbólica, mudam quando faladas e morrem se não o forem mais, morrem porque já não mudam, as culturas, como os indivíduos, mudam ou morrem. As culturas vivas são conjuntos em movimento, submetidos às tensões e às pressões da história.

A terceira constatação é que nenhuma cultura é, em si, igualitária; cada uma instaura suas próprias hierarquias. Às vezes o respeito pela diferença e pela diversidade é invocado pelos representantes de "culturas" que não reconhecem, em seu interior, esse direito à diferença e à diversidade. É nos moldes desse direito que é legítimo julgar as culturas. Não há impunidade cultural. Nenhuma cultura pode justificar em direito a recusa do universalismo. A fórmula de Sartre segundo a qual todo homem é todo o homem é, a esse respeito, a referência última.

A quarta constatação é que o multiculturalismo, para ultrapassar a contradição entre cultura e universalismo, não deveria se definir como a coexistência de culturas nômades decretadas iguais em dignidade, mas sim como a possibilidade sempre oferecida aos indivíduos de atravessar universos culturais diferentes.

Quanto aos autores que poderiam hoje nos servir de referência e de ponto de partida, irei procurá-los, e não é um acaso, ao lado daqueles que se interessaram pela experiência democrática da Grécia antiga.

Um diálogo iniciado há muitos anos com os helenistas da escola de Jean-Pierre Vernant, que dizem ser antropólogos e historiadores, convenceu-me dos benefícios da comparação e, principalmente, da utilidade de levar em consideração os debates próprios da Grécia antiga, em matéria de reflexão política e filosófica, para melhor compreender os nossos. Talvez não seja vão interrogar a Grécia a partir da ideia de modernidade, e reciprocamente, sobretudo em um momento em que temos dificuldades de elaborar um pensamento do tempo e em que a Europa, incerta de si mesma, parece se interrogar sobre sua identidade e seu futuro.

A Grécia foi moderna? Em certo sentido, sim, e de maneira original, pessoal, que nos convida à reflexão.

Lembremos que a modernidade, se seguirmos as análises de Lyotard em *A condição pós-moderna*, seria marcada pelo desaparecimento das "grandes narrativas" de origem, ou seja, dos mitos do passado, particularistas na medida em que serviam de fundamento, de cosmogonia e de cosmologia para grupos singulares. O momento moderno seria aquele em que mitos escatológicos universalistas, "grandes narrativas" sobre o futuro e relativas à humanidade em seu conjunto, substituem esses mitos do passado. O século XVIII, a Revolução Francesa e seus prolongamentos constituem esse momento moderno. Ora, parece que houve o início de um movimento desse gênero na Grécia clássica, mas que não deu lugar ao aparecimento de mitos do futuro, a projeções ideológicas no futuro ou, se se quer, a utopias. Como se ali uma sabedoria de tipo heroico tivesse ancorado a vida dos homens no presente da história.

Para apreciar essa originalidade da Grécia clássica, é preciso fazer referência ao que os especialistas escreveram sobre a "religião" grega (coloco aspas em "religião" porque, quando utilizamos essa palavra para falar dos cultos e das representações antigas – ou dos cultos e das representações da África tradicional, dos quais tenho certa experiência –, não a empregamos no mesmo sentido que quando evocamos as religiões monoteístas). Com efeito, é possível fazer um paralelo entre os politeísmos que os etnólogos estudaram sobre diversos continentes, por exemplo na África, e o politeísmo grego.

Os próprios "deuses" dos politeísmos são plurais, têm várias dimensões. Em primeiro lugar, são personagens de narrativas, de mitos, e, a esse título, eles têm, cada um por seu lado, traços característicos que lhes permitirão mais tarde tornar-se, eventualmente, personagens de comédia. Por outro lado, porém, são forças agentes, forças da natureza, "potências" mais do que "pessoas", escreve Vernant. Eles são, aliás, uns e múltiplos: afetados por qualidades diferentes, têm diversas identidades; existem também casais de deuses que associam suas respectivas características para definir uma nova entidade, frequentemente bissexuada. Muitos são os altares em que se distribuem essas figuras, elas mesmas múltiplas, da divindade. Enfim, existe entre os deuses e os homens uma grande proximidade; acontece de eles se unirem e se reproduzirem. Na África, vimos, com frequência se diz que os deuses eram, a princípio, homens, que são ancestrais.

Assim, foi elaborada uma cultura da imanência que, na Grécia, ganha um rosto particular, do qual Vernant pôs em evidência dois traços específicos, acerca da crença e da ficção, da narrativa. Acerca da crença, ele ressalta, em *Mito e pensamento entre os gregos*,[4] que as fronteiras da "religião" são variáveis e que há vários tipos de crença. Ele salienta que todo vínculo religioso passa por uma mediação social. Quando um indivíduo exerce uma função social ou pertence a uma entidade social, ele entra em relação com o divino, por exemplo, como membro de um demo ou de uma cidade (*polis*) ou como magistrado. Pode-se dizer que os deuses não são afetados por nenhuma transcendência, eles pertencem ao mesmo mundo que os homens e desempenham, essencialmente, um papel simbólico, no sentido literal: colocam em relação os homens entre si. Nessas condições, portanto, a crença está longe de ser definida

---

4. J.-P. Vernant, *Mythe et pensée chez les grecs*. Paris: F. Maspero, 1965. [*Mito e pensamento entre os gregos*. Trad. Haiganuch Sarian. São Paulo: Paz e Terra, 2ª ed., 2008 – N.T.]

como uma adesão cega a algo que seria do âmbito do indizível ou do sobrenatural. Ela passa pela aceitação de princípios que estruturam a vida cotidiana.

Portanto, nessa perspectiva, a crença teria por objeto o que chamei de *sentido social*. O sentido é a relação entre uns e outros, entre um e outro, na medida em que ela é pensável, pensada, representada e, eventualmente, instituída. Os antropólogos estudaram esse tipo de relação em suas diversas modalidades (relações de parentesco, relações políticas, relações de gênero etc.). É bem fácil mostrar que, em um grande número de sociedades, os ritos e as cerimônias do culto têm por objeto, antes de tudo, o estabelecimento, a manutenção ou a criação de relações sociais, relações entre os seres humanos. Concretamente, na vida de todos os dias, a prática efetiva do monoteísmo pode se parecer com a dos politeísmos: serve para gerir as relações entre as pessoas. Nesse sentido, nenhuma crença é realmente insensata e menos ainda irracional, ou, antes, toda crença pressupõe e define as linhas divisórias a partir das quais ela distingue entre razão e desrazão. A relação entre cultura, crença e racionalidade é, portanto, uma relação sutil que pode e deve ser medida com base em vários critérios.

O "sentido social" é próximo do simbólico alienante evidenciado pelo estruturalismo, mas a submissão ao simbólico nunca é tão constrangedora como quando acionada pelo que Vernant chama de "razão retórica", que nega o acontecimento conformando-o à estrutura e encontra em si mesma, a um só tempo, sua própria justificação e a da ordem estabelecida. A razão retórica está presente na Grécia, como em todas as culturas politeístas da imanência, mas, na Grécia, ela não criará obstáculo ao aparecimento de uma tradição científica e filosófica, ao aparecimento de uma primeira modernidade.

Vernant encontra a origem desse "Milagre grego" na existência de ficções em que se conta o que é o objeto da crença, na narrativa dos mitos. Essa narrativa, a princípio oral, ganhará forma na escrita da tradição épica com Homero e Hesíodo; portanto, o polo da crença e o polo da ficção nunca estão separados. Assim é instaurada uma defasagem e atualizada a possibilidade de um jogo entre crença e criação literária. O jogo literário (que implica um distanciamento estético, um grau de liberdade reconhecido ao autor, ao contador, ao ouvinte, ao leitor) abre um espaço entre as pressões do sistema simbólico e o imaginário do indivíduo. Assim instala-se a preliminar ao desenvolvimento do pensamento filosófico e à liberdade intelectual em relação às cosmologias. Quando a mitologia aparece essencialmente como o cimento do grupo social, o círculo da imanência está prestes a se romper. No século V, a Grécia afasta-se do mito, tornado pretexto para reflexão, por meio da tragédia, onde se reúnem literatura e filosofia. É o momento em que a passagem para a ficção, para a reflexão filosófica e para a história desloca completamente a questão da crença; os gregos creem, primeiro, neles mesmos. E essa crença afirma-se pelo fato de eles se afastarem dos mitos do passado sem produzir uma visão escatológica, uma grande narrativa do futuro.

Em uma obra coletiva com prefácio de Vernant, *La Grèce pour penser l'avenir*,[5] Castoriadis analisa trechos de duas tragédias que lhe parecem emblemáticas: *Prometeu acorrentado*, de Ésquilo, escrita por volta de 460 a.c, e *Antígona*, de Sófocles, em 443-442 a.C. Com 18 anos de intervalo, elas evocaram dois momentos essenciais na consciência que o homem toma de si mesmo: a criação do homem pelos deuses, em Ésquilo, e a autocriação do homem, em Sófocles. Castoriadis faz

---

5. M. Augé, C. Castoriadis, M. Daraki *et al.*, *La Grèce pour penser l'avenir*. Paris: L'Harmattan, 2000.

uma observação acerca disso: as antropogonias míticas gregas nunca privilegiaram uma raça grega, nunca consideraram que só os gregos eram homens; e o mesmo vale para as antropogonias filosóficas que começam com Demócrito no século V a.c. As duas tragédias tratam das origens da humanidade e de suas instituições. Ambas foram escritas para a grande festa dos dionísios, onde *Antígona* ganhou o primeiro prêmio. Representam, portanto, algo da vida da cidade ateniense, e é isso que interessa Castoriadis: "O que importa é a existência efetiva, sócio-histórica, dessas duas tragédias (...). Alguém em Atenas, em meados do século V, podia inventar essas ideias e apresentá-las ao povo sem ser trucidado ou queimado vivo; podia até mesmo ser coroado por isso".[6]

Castoriadis interroga a tragédia grega como filósofo do político; a tragédia grega, ele nota, afirma-se paralelamente à ascensão da democracia em Atenas. Para ele, a tragédia grega é uma instituição democrática por seu conteúdo mais profundo, por sua interrogação central: o que é a *moira*, o que é o destino humano? Enquanto em todas as sociedades teológicas (ou teocráticas) Deus sempre já respondeu a essa questão, a tragédia volta constantemente a ela e a aprofunda. Lembra constantemente, em especial, os dois traços que definem o homem e a natureza humana: a consciência de ser mortal, por um lado, a *hubris*, a desmesura, por outro. Ora, a questão central da democracia, para Castoriadis, é a questão da autolimitação, e é ela, segundo ele, que é colocada por Sófocles em Antígona. No *Prometeu*, de Ésquilo, Castoriadis analisa mais precisamente dois grupos de versos. Prometeu se dirige ao coro e responde à questão: "O que é o homem?", fazendo uma narrativa de origem. Foi o próprio Prometeu que tirou os homens de seu estado pré-humano (eles eram como bebês antes da fala) dando-lhes o

---

6.   *Ibid*, p. 153.

conhecimento do céu, do número, das letras, das artes, das técnicas, da medicina e da divinação, mas, sobretudo, o conhecimento de sua mortalidade e o remédio para combatê-la: as ilusões e as esperanças vãs. Ambivalência de Prometeu, Titã revoltado; ambivalência do homem, colocado sob o signo da negação: eu sei muito bem, mas ainda mesmo...

Dezoito anos mais tarde, em 443-442 a.C., Atenas está no auge de seu poder. Para Sófocles, foram os homens que criaram as qualidades dos homens; é o que o coro proclama. E Castoriadis comenta: "Os homens não pegaram nada dos deuses e os deuses nunca lhes deram nada. É este o espírito grego do século V, e foi essa tragédia a coroada pelos atenienses".[7] Partindo daí, ele pode reler *Antígona* vendo ali algo diferente da oposição da lei civil e da lei natural, da moral individual e da razão de Estado ou, como Hegel, da família e do Estado. Creonte e Antígona são dois exemplos diferentes de *hubris*. Creonte defende as leis da cidade-Estado, mas aquele que conhece as regras da cidade-Estado deveria estar atento às condições de sua aplicação e, eventualmente, mostrar-se capaz de modificá-las. Quanto à Antígona, ela é louca e excessiva porque desconhece as leis da cidade-Estado que seu irmão Polinício havia transgredido.

Portanto, a posição de Sófocles, se concordarmos com Castoriadis, é a de que os dois princípios que comandam as posições antagônicas de Creonte e Antígona não deveriam ser pensados como absolutamente irreconciliáveis. Os homens têm vocação para "tecer juntos" as leis dos deuses e as da cidade-Estado. Os homens são criaturas "terríveis", excepcionais, no sentido em que não são definidos de uma vez por todas, como os deuses. Os deuses são mais

---

7.   *Ibid.*, p. 159.

poderosos do que os homens, mas estão igualmente submetidos ao destino e, além disso, diferentemente dos homens, eles não podem mudar (Atenas é a sabedoria; Ares, a guerra). Os homens tornam-se. O ser humano é obra do homem, sempre em elaboração. E isso é verdade também na vida política. Mesmo que respeitemos a lei, há outro elemento que deve ser "tecido" com ela. É o que Sófocles chama de *diké* dos deuses, a justiça devida aos deuses ou jurada aos deuses. Não sabemos o que Sófocles pensava dos deuses. Mas Castoriadis lembra que ele frequentava o círculo de Péricles, como Protágoras, de quem ele cita um fragmento: "No que diz respeito aos deuses, não posso dizer nada, nem se eles são, nem se não são, nem que aspecto podem ter".[8] Nessa *diké*, que deve ser conjugada, "tecida" com as leis da cidade-Estado, Castoriadis vê, portanto, um princípio de superação, ou seja, em sua linguagem, a "autotranscendência" da sociedade por ela mesma, o "não esgotamento" da sociedade naquilo que é a cada vez instituído. Podem-se mudar as leis em função de princípios que transcendem a lei positiva e só têm com os deuses uma relação metafórica. O milagre grego seria então o princípio da historicidade como "autoalteração", explicitamente proclamado pela tragédia de Sófocles.

Vemos, portanto, o que Castoriadis designa na democracia ateniense: sua incessante capacidade de se superar a partir de uma reflexão sobre si mesma, de não ser pega na armadilha de uma cultura reificada. Aristóteles enumerava onze revoluções na história ateniense. Esse trabalho de reflexão e superação é igualmente valorizado por outros helenistas a propósito de outros assuntos que se referem à definição da vida democrática. Assim, Nicole Loraux[9] evidenciou os debates, as contradições e as evoluções que

---

8. *Ibid.*, p. 168.
9. N. Loraux, *Né de la terre. Mythe et politique à Athènes.* Paris: Seuil, 1996.

marcaram constantemente a vida política ateniense acerca de duas questões apresentadas, no mais das vezes, rápido demais e de modo aproximativo demais: a do *status* dos estrangeiros e a do *status* dos escravos.

Será que não encontramos a tensão que Rosanvallon[10] acredita poder discernir no âmago do universalismo, tal como ele é concebido na tradição francesa, no fundamento de todo pensamento da democracia? É, em todo o caso, o que justifica a ambição de Marcel Détienne de "comparar o incomparável", especialmente o ideal jacobino com o da cidade-Estado grega. Para os gregos não basta que os cidadãos sejam "iguais e intercambiáveis". Eles precisam também da retidão e da virtude. É o dilema dos jacobinos.[11]

A cada vez, o que está em jogo é a oposição entre sentido (na acepção que dei ao termo) e liberdade. Se concedermos tudo ao sentido, à necessária relação entre uns e outros tal como ela foi definida *a priori* em nome da sociedade ou da cultura, perde-se a liberdade, ou seja, o indivíduo. Se concedermos tudo ao desejo individual, tiramos dele todo objeto, perde-se a relação e a sociedade. Nem a loucura totalitária, nem a loucura da solidão poderiam orientar e comandar a vida social. O homem "apolis", que denuncia a tradição ateniense, perde-se numa ou noutra dessas direções.

A cidade-Estado ateniense não nos fornece, evidentemente, um modelo, nem mesmo um ideal, para a sociedade de hoje. Nossos problemas não estão na mesma escala. Além disso, a cidade-Estado ateniense, mesmo se ela foi, no século II de nossa era, uma espécie de capital cultural do Império romano, não pode passar pela realização

---

10. P. Rosanvallon, *Le sacre du citoyen*. Paris: Gallimard, 1992.
11. M. Détienne, *Comparer l'incomparable*. Paris: Seuil, 2000, pp. 125-126. [*Comparar o incomparável*. Trad. Ivo Stormiolo. São Paulo: Ideias e Letras, 2004 – N.T.]

plena de um modelo democrático. Mas ela nos propõe um exemplo de debate permanente e de recusa do encerramento conceitual no qual estaríamos bem errados em não nos inspirarmos. A vida política hoje, tanto na esfera nacional quanto na internacional, cada dia mais difíceis de distinguir, é prisioneira de conceitos vazios e de intuições cegas que comandam nossas análises em vez de serem seu objeto. Sob a influência do sistema de comunicação que encerra o planeta e parece lhe dar um sentido, nós nos habituamos, com efeito, a consumir as imagens, as palavras e as mensagens. Somos assim insensivelmente levados a praticar a "razão retórica" de que fala Vernant, que não faz mais do que justificar a existência do que é. Ao fazermos isso, pautamo-nos pelo que há de pior na cultura da imanência, o retorno do mesmo. Mas, com isso, renunciamos ao melhor da herança do paganismo em sua versão grega e, mais precisamente, ateniense: a capacidade de introspecção intelectual, a aptidão para fazer as fronteiras se deslocarem, a vocação para permanecer na história sem sacrificar as ilusões dos sistemas.

A cultura como natureza, eis, sem dúvida, o maior perigo conceitual (mas de consequências tragicamente concretas) ao qual estamos expostos hoje, tanto pelos teóricos do "choque das culturas", quanto pelos iluminados do proselitismo religioso. Contra as ideologias da cultura como natureza, que provêm, todas, mais ou menos diretamente, de uma visão teológica da natureza, pode ser útil lembrar que o homem não pode, de modo algum, se definir por um e apenas um pertencimento "cultural". Quando dizemos "homem", de quem estamos falando? De três homens, na verdade: do homem individual em sua diversidade (você, eu, alguns milhares de outros); do homem cultural (o que tem conivências históricas, geográficas ou sociais com determinado número de outros); do homem genérico, enfim (aquele que foi à Lua, aquele que nos trouxe onde estamos, para o melhor ou para o pior, aquele do qual sentimos que sua imagem é atingida quando se atinge a dignidade de um único homem). Mas esses três homens são apenas um: o indivíduo concreto e mortal.

O indivíduo só existe pelo conjunto das relações que estabelece com os outros, cultural, nesse sentido, situado numa história e num lugar. Mas sua história pode mudar e ele pode mudar de lugar. Os indivíduos são muitos e cada um deles é "ondulante e diverso", como dizia Montaigne; a relação de todo indivíduo com a pluralidade das culturas e com a diversidade de cada cultura pode mudar enquanto ele não estiver morto. Onde quer que esteja e quem quer que ele seja, entretanto, ele continua a ser homem. Ele é homem em direito. Os direitos do homem são todo o homem e todo homem, todo homem em direito de construir sua relação com outros e com a história, de construir sua "essência" no sentido existencialista do termo. Os direitos do homem, nesse sentido, são o direito à existência, à liberdade e à escolha. O reexame da noção de cultura é indispensável para desarmar as armadilhas intelectuais de toda ordem às quais ela serve de álibi. A reabilitação do indivíduo/sujeito é indispensável para realizar a contento esse empreendimento e para fundar antropologicamente a defesa dos direitos do homem. Duas tradições intelectuais antagônicas, mas que, às vezes, souberam dialogar, o estruturalismo e o existencialismo, podem ser complementariamente invocadas para nos ajudar a compreender que as culturas são artefatos históricos necessários, mas que o homem genérico é, a um só tempo, o limite de toda hegemonia cultural e o horizonte de toda existência individual.

6
O PASSADO, A MEMÓRIA, O EXÍLIO

Pôde-se dizer que o século XIX fora o século da história. Seria difícil qualificar o século XX por esse aspecto. Em certo sentido, a literatura historiográfica desenvolveu-se de modo incessante, especialmente na França, e a reflexão histórica está no centro dos maiores debates políticos. Que se pense, por exemplo, nas análises sobre a Revolução Francesa considerada como modelo intelectual do totalitarismo comunista e nos debates e polêmicas que elas puderam suscitar. Mas é verdade que tais debates, justamente, tendem a apresentar o século XX como um período de fechamento, como o século da experimentação calamitosa das ideias elaboradas mais cedo. Eles nos situam na perspectiva do fim das grandes narrativas.

Não é certo, de modo geral, que o desenvolvimento da historiografia expresse simples e diretamente nossa relação com a história ou, em outras palavras, nosso sentido da história. Pode-se até mesmo se colocar a questão inversa e se perguntar se a *démarche* historiográfica não foi influenciada, ao longo do século, pelas mudanças que intervieram em nossa percepção do tempo e em nossa percepção dos acontecimentos.

Na segunda metade do século, além disso, tanto uma quanto a outra sofreram, incontestavelmente, em graus diversos e em modalidades variadas, a influência da psicanálise. Ora, a relação com o passado que a psicanálise tenta elucidar não é a da historiografia. Michel de Certeau, na coletânea *História e psicanálise: Entre ciência e ficção*,[1] salienta que a psicanálise e a história têm duas maneiras diferentes de distribuir o que ele chama de "o espaço da memória". O que Freud descobriu, evidenciou, explicitou foi a presença do passado no presente, na forma do retorno do recalcado. Certeau nos diz que a memória se torna o "campo fechado" onde se efetuam duas operações de sentido contrário: o esquecimento, que, longe de ser um fenômeno passivo, é um dispositivo de luta contra o passado, e "o vestígio, que é o retorno do esquecido, ou seja, uma ação desse passado daqui em diante forçado ao disfarce".[2] O passado, como o fantasma de Hamlet, assombra o presente. A história é "canibal".

Notemos imediatamente que a descoberta freudiana abala primeiro, de modo bem direto – revelando-os pelo que eles são, ou seja, ilusórios –, esses universos individuais e coletivos, esses mundos securitários do perpétuo reenvio a si que propus chamar de mundos da imanência. Se lembrarmos que, para Freud, a princípio, a ilusão não é um erro, mas o produto do desejo, como ele estabelece acerca da religião em *O futuro de uma ilusão*, compreendemos que o passado recalcado cria uma tensão cujo sinal podem ser a recusa

---

1. M. de Certeau, *Histoire et psychanalyse: Entre science et fiction*. Paris: Gallimard, 2002, capítulo II, "Psychanalyse et histoire". [*História e psicanálise: Entre ciência e ficção*. Trad. Guilherme João de Freitas Teixeira. Belo Horizonte: Autêntica, 2001 – N.T.]

2. *Ibid.*, p. 86. [Trad. brasileira, p. 72 – N.T.]

do acontecimento e a mania interpretativa. É o desejo então que é questionado. O desejo, ou, em termos mais antropológicos, a felicidade, ou seja, a ideia que somos levados a fazer dela em uma dada situação. A busca dessa "felicidade" é uma das características do *habitus* definido por Bourdieu como "desejo de ser", justamente: "guiado pelas simpatias e antipatias, as afeições e as aversões, os gostos e desagrados, cada um de nós constrói um ambiente no interior do qual se sente 'em casa' e onde se pode levar a cabo essa plena realização de seu desejo de ser que se identifica à felicidade".[3] Michel de Certeau salienta bastante o papel perturbador do retorno do recalcado em relação a todas as ordens simbólicas assim construídas: "qualquer ordem autônoma constitui-se graças ao que ela elimina, produzindo um 'resto' condenado ao esquecimento, no entanto, o excluído insinua-se, de novo, nesse lugar 'limpo' [*propre*], instala-se aí, suscita a inquietação, torna ilusória a consciência segundo a qual o presente julga estar em 'sua casa', fixa aí seu esconderijo; e esse 'selvagem', esse 'ob-sceno', esse 'lixo', essa 'resistência da superstição' vai inscrever aí, à revelia do proprietário (*o ego*) ou contra ele, a lei do outro".[4] O passado como sintoma está imbricado no presente.

A historiografia, ao contrário, instaura, em princípio, um corte entre o passado como objeto de conhecimento (sistemas e acontecimentos) e o presente como lugar do conhecimento, onde são coletados materiais e elaboradas representações do passado.

Entretanto, as relações entre historiografia e psicanálise evoluem, e essa evolução nos diz claramente algo de nossa nova relação com o tempo. Atendo-nos aos historiadores franceses, poderíamos dizer que, entre o "tempo longo" de Fernand Braudel,

---

3. Pierre Bourdieu, *op. cit.*, p. 216. [Trad. brasileira, *op. cit.*, p. 183. – N.T.]
4. Michel de Certeau, *op. cit.*, p. 86. [Trad. brasileira, p. 72. – N.T.]

a antropologia histórica de Jacques Le Goff ou de Georges Duby, a história das ideias, tal como a conceberam renovando-a François Furet e Pierre Rosanvallon, e os "lugares de memória" de Pierre Nora, esboça-se uma evolução ao termo da qual a oposição entre as duas estratégias distinguidas por Michel de Certeau tende a se atenuar. A antropologia histórica começa, com base em um acontecimento, um personagem ou uma representação, a olhar o passado como um presente, levando em consideração, numa visão holística, a totalidade de seus aspectos e a soma de suas determinações. Em sentido inverso, a nova história das ideias coloca ao presente questões às quais ela pensa encontrar elementos de resposta no passado, mas, de certa maneira, é o que ela descobre no presente que comanda ou confirma sua redescoberta do passado. Furet interroga a Revolução Francesa a partir do totalitarismo soviético. Rosanvallon, quando faz a história do sufrágio universal na França, baseia-se na constatação das tensões internas à democracia entendida, a um só tempo, como "religião" (da igualdade) e como "regime" (de soberania do povo), tensões que reativam, por exemplo, todos os debates sobre a definição política da Europa comunitária.

Quanto ao empreendimento dos *Lugares de memória* – ao menos na apresentação que faz dele aquele que o concebeu e "editou", no sentido anglo-saxão do termo, Pierre Nora –, ele não interroga mais o passado, e sim nossa relação com o passado. O que o torna significativo e, nos termos de Leiris, particularmente "pertinente" é precisamente seu caráter coletivo e o fato de que muitos historiadores se reconheceram nele e se associaram a ele, mas também de que a própria expressão "lugar de memória", às vezes mediante algumas aproximações ou distorções de sentido, tenha tido tamanho eco. Se ela falava a todos, se "dizia alguma coisa" a todo o mundo, provavelmente foi devido à aproximação das duas palavras "lugar" e "memória", que parecia constituir um novo espaço-tempo de referência em relação ao qual nossos contemporâneos tinham a sensação de poder se situar.

Segundo Pierre Nora, o inventário dos "lugares de memória" obriga a redefinir a *démarche* historiográfica. Ele observa, com palavras que não deixam de evocar as dos psicanalistas – mas apenas evocam –, que o objeto da história mudou. Assinala assim, incidentalmente, que a partir de agora os historiadores falam de seu objeto e não mais de seu tema. A propósito da França definida como uma realidade "simbólica", ele escreve que, de agora em diante, o caminho está aberto para uma história bem diferente:

> (...) não mais os determinantes, mas seus efeitos; não mais as ações memorizadas, nem mesmo comemoradas, mas o vestígio dessas ações e o jogo dessas comemorações; não os acontecimentos por eles mesmos, mas sua construção no tempo, a supressão e o ressurgimento de suas significações; não o passado tal como se passou, mas suas reutilizações permanentes, seus usos e seus maus usos, seu caráter impositivo sobre os presentes sucessivos; não a tradição, mas a maneira pela qual ela se constituiu e transmitiu.[5]

Essa mudança de objeto se explicaria pelo aparecimento de uma nova constelação de elementos diversos "que modifica profundamente a relação com o passado e as formas tradicionais do sentimento nacional".[6] A história, até um passado relativamente recente, foi escrita do ponto de vista do futuro, em função do que seria ou deveria ser o futuro: restauração, progresso ou revolução. O historiador definia-se, a um só tempo, como notário e profeta, como um "passador", prossegue Nora. Mas "os rigores do século esgotaram

---

5. P. Nora (org.), *Les lieux de mémoire*, III, *Les France*, I, Paris: Gallimard, 1992, p. 24.
6. *Ibid.*, p. 27.

sucessivamente as esperanças e as ilusões" ligadas a essas três visões possíveis do porvir: "(...) entre a opressora imprevisibilidade de um futuro infinitamente aberto e, no entanto, sem porvir, e a obstrutiva multiplicidade de um passado que retornou à sua opacidade, o presente tornou-se a categoria de nossa compreensão de nós mesmos".[7]

Resta que o refúgio no passado e a relação com a imprevisibilidade do futuro não são vividos da mesma maneira nos dois extremos da palheta social. O interesse dos estudos da situação colonial, especialmente por meio dos fenômenos que expressam uma relação entre patologia social e patologia individual, deve-se, a princípio, ao fato de eles nos apresentarem situações nas quais grande número de indivíduos perde até a capacidade de se instalar de maneira mais ou menos durável no presente, na imanência íntima de um mundo pessoal ("personalizado", como dizem hoje as mensagens publicitárias), um mundo em que a relação com o passado imediato e com o futuro iminente não cria problema, o mundo do *habitus*, se preferir. Na África, especialmente, a colonização foi um fenômeno repentino e rápido, e gerações de crianças e de jovens foram convidadas a admitir, de um dia para o outro, que o mundo no qual eles haviam sido criados e educados não tinha sentido. Os missionários mandavam queimar os fetiches, mas, de modo geral, a ridicularização do passado até então compartilhado e admitido como evidente criava uma perturbação mental ainda mais traumatizante pelo fato de eliminar também qualquer perspectiva de futuro, até mesmo a curtíssimo prazo. A situação dos subproletários, no mais das vezes oriundos da imigração, reproduz hoje essa situação de "dessimbolização".

---

7. *Ibid.*, p. 27.

Os desempregados, diz Bourdieu, são excluídos do jogo social e das ilusões de onde ele procede, as ilusões que ajudam a viver. Ao perder seu trabalho, os desempregados perdem milhares de coisas pelas quais sua função era conhecida e reconhecida socialmente:

> [Se] o tempo parece se esvair [é] porque o trabalho assalariado é o suporte, senão o princípio, da maioria dos interesses, expectativas, exigências, esperanças e dos investimentos no presente, bem como no futuro ou no passado aí implicados, em suma, um dos fundamentos máximos da *illusio* enquanto engajamento no jogo da vida, no presente, como investimento primordial – todas as sabedorias sempre ensinaram a identificar o desprendimento do tempo ao desprendimento do mundo – que faz o tempo, *sendo* o próprio tempo.[8]

Esse desprendimento do tempo é o mesmo que, em outro contexto e em outra época, mas não muito distante, viveram muitos colonizados ou muitos daqueles que, desde as independências políticas, sofreram e continuam a sofrer na impotência a retórica do desenvolvimento.

O que é o exílio? Não é simplesmente, talvez não seja essencialmente, uma noção territorial. É uma perda, provisória ou não, nunca esquecida, nunca apagada, uma perda de identidade que às vezes passa pela perda da língua, da filiação no mais das vezes, da história sempre. As situações de exílio multiplicam-se sobre a Terra; são fruto de conflitos políticos e de problemas econômicos, mas por vezes são mantidas pelo jogo das representações imaginárias suscitadas pelas más políticas de acolhimento, pelas más políticas de integração e pelas dificuldades econômicas. Há uma grande distância entre a narrativa épica da conquista do Oeste e da criação do Novo Mundo e a evocação miserabilista e vergonhosa das cotas

---

8. Pierre Bourdieu, *op. cit.*, p. 320. [Trad. brasileira, pp. 271-272 – N.T.]

de imigração na Europa contemporânea. Sem sucumbir a uma visão ingenuamente angelical do "nascimento de uma nação" – sabe-se que ela passou por vários sofrimentos e que a miséria na Europa era uma de suas fontes –, é preciso reconhecer que o mesmo alento não parece habitar hoje a imigração numa Europa que faz cara feia, de modo bem evidente, à ideia de tornar-se uma nova América, já que não tem nem meios, nem vontade para isso. Aliás, no mundo inteiro, são criadas situações de insularidade (campos de "deslocados", campos de refugiados, clandestinos, sem documentos) que correspondem a um duplo desprendimento do tempo, pois, no "provisório que dura", perde-se, a um só tempo, a referência ao passado, abolido, e ao futuro, fechado. Os indivíduos perdem com isso a aptidão de se engajar no "jogo da vida", tudo lhes confirma (inclusive as diversas formas de assistência das quais podem ser objeto) que são excluídos. É da história, na verdade, que estão excluídos, e não se deve ficar surpreso com o fato de que o risco de vê-los dar meia-volta pelas vias mais perigosas e mais loucas, mais desesperadas e mais niilistas, nunca esteja distante.

7
O FUTURO E A UTOPIA

As situações ditas de "contato cultural" foram, no mais das vezes, situações de enfrentamento ideológico. Desde a descoberta da América, o Ocidente europeu desembarcou na terra dos outros com armas e bagagens, mas também com o arsenal completo de seu próprio imaginário. E hoje encontramos, nos diferentes continentes do mundo em que ocorreram essas longas cruzadas, o vestígio mais ou menos marcado e as manifestações mais ou menos vivas e originais dessas lutas de influência e de suas provas de força, de obediência católica em determinados casos, protestante em outros. Evidentemente, não é um acaso que os sistemas religiosos mais estruturados (o monoteísmo islâmico, ele mesmo prosélito) ou os mais ligados a estruturas políticas fortes (China, Japão) tenham-se revelado os mais resistentes à penetração cristã. A história da colonização e da ocidentalização do mundo teve também uma dimensão imaginada cujo caráter alucinado os observadores tiveram às vezes dificuldade de figurar, seja porque eles próprios pertenciam a uma tradição religiosa que os levava a julgar esse fenômeno natural, seja porque, ao contrário, só o consideravam como um epifenômeno, uma simples consequência ou um reflexo de subversões político-econômicas mais profundas.

Note-se que um dos setores mais cativantes e mais sólidos da pesquisa antropológica atual concerne às manifestações religiosas no contexto colonial ou pós-colonial e também – pois essa história está longe de ter chegado ao fim – no contexto da mundialização. Não podemos nos interessar pelo futuro sem irmos de encontro à presença maciça e heteróclita da imaginação. Se é realmente verdade que os humanos não vivem cotidianamente preocupados com seus fins derradeiros, eles não podem, por isso, contentar-se indefinidamente com uma eternidade tênue, com um tempo estagnado. É verdade dos mais desprovidos, mas também de outros. A corrida pelo sentido engaja-se assim nas piores condições possíveis. O sentido não é necessariamente o destino *post mortem*, a imortalidade ou o paraíso. É a existência do amanhã, ou seja, um conjunto de relações com os outros consistente o bastante para conjurar o absurdo de uma solidão sem objeto e, no duplo sentido do termo, sem fim. Todos os movimentos sócio-religiosos que pude estudar na África e na América Latina (mas a observação é generalizável) reuniam, de modo mais ou menos durável ou efêmero, indivíduos que procuravam um novo entorno, fosse definitivamente (refugiando-se na residência de um profeta como em um asilo), fosse de modo mais pontual (no caso dos movimentos como o candomblé ou a umbanda, no Brasil, que traçam o calendário de cada um e fazem de sua vida uma vida de "festas" e encontros). O sucesso das seitas participa desse desejo, dessa necessidade de maquiar a realidade ou de oferecer o artifício de um mundo paralelo, íntimo, onde as pessoas podem se reconhecer, se fazer reconhecer, esperar o que virá e lutar contra o pânico de um presente definitivo. A ilusão fala a linguagem dos fins, que é também a do desejo, mas ela a utiliza, a despedaça, a destila em doses homeopáticas: suas astúcias são o negativo inverso do discurso social sempre inacabado dos políticos e dos economistas. Ela não pretende orientar a sociedade, mas substituir-se a ela.

Aqui é preciso distinguir as coisas. A constatação de fundo, global, é a de que o choque infligido pelo Ocidente no imaginário dos outros não deixou de ter consequências sobre seu próprio imaginário. A colonização e a ocidentalização suscitaram uma espécie de *big-bang* ideológico cujas repercussões estão hoje dispersas, em aparente desordem, no mundo mundializado. Essas repercussões são diversas e influenciam-se mutuamente.

Às vezes as tradições religiosas estabelecidas são interpretadas por seus representantes mais intelectualizados ou por seus adeptos como uma moral, uma ética, e até mesmo uma filosofia que já não poderia ser objeto de uma fé literal, de uma "fé do carvoeiro". Mas, ao mesmo tempo, os fundamentalismos nunca foram tão virulentos. Por exemplo, movimentos como certos movimentos evangélicos, cuja expansão e cuja influência no mundo não devemos subestimar, partem de palavras de ordem simples que repercutem em todos aqueles que – em primeiro lugar nos EUA e na América Latina, depois na África e na Europa, especialmente na Europa do Leste e na Rússia – reclamam certezas porque vivem solitariamente, sem marcos simbólicos, situações de miséria material e moral. O fundamentalismo islâmico enraíza-se no mesmo solo fértil.

Todos esses fundamentalismos têm em comum uma referência, uma ambição e um meio de ação. A referência é a origem: a disputa entre os três monoteísmos tem por objeto, essencialmente, o ponto de partida, a origem da única história que conta a seus olhos, a da verdadeira mensagem. Esse debate sobre o ponto de referência é também fonte das diversas cisões no interior dos monoteísmos. A ambição é o mundo. Os monoteísmos em geral aspiram à universalização de sua mensagem. Aparentam-se, portanto, às "grandes narrativas" de Lyotard, na medida em que têm por objeto, a um só tempo, o passado e o futuro. Distinguem-se delas, contudo, por pretenderem, como cosmogonias, falar da humanidade inteira, mesmo se rapidamente evocam uma história, povos e territórios particulares, e por serem, como visões do futuro dos homens e da sociedade sobre a Terra, singularmente vazios, cujo objetivo último é, antes, o fim do mundo no sentido do acabamento. O meio de ação, enfim, é o proselitismo, que distingue, absolutamente, os monoteísmos dos politeísmos. Os integrismos (forma militante e ativa dos fundamentalismos) exacerbam essa vontade de proselitismo conferindo-lhe tônicas guerreiras, cuja atualidade nos mostra que passagens ao ato podem resultar daí, como se as realidades da mundialização fornecessem um estimulante à sua imaginação.

O integrismo é a mundialização do imaginário, que pode ter consequências terrivelmente reais. É também a mundialização dos pobres (mesmo que ela possa, obviamente, ser utilizada, manipulada e mantida pelo dinheiro dos ricos); é, nesse sentido, uma globalização mimética. A globalização e seus agentes são imitados como o foram a colonização e os colonizadores. O mimetismo e a encenação são armas simbólicas às quais se recorre quando a relação torna-se impensável, impossível de ser negociada. Muitos personagens desempenharam e orquestraram esse papel nas situações de dominação por um Outro distante demais e poderoso demais. Os "profetas" africanos tomavam emprestado esse termo da *Bíblia* daqueles que tentavam convertê-los, mas profetizavam menos do que representavam, não paravam de *re-presentar* a imagem da colonização e de seus agentes. O jogo da re-presentação, o mimetismo, é a última etapa antes da violência, a partir do momento em que manifesta a ruptura ou, antes, a impossibilidade da relação. Gérard Althabe[1] havia empregado a expressão "liberação no imaginário" para caracterizar determinados movimentos político-religiosos que se afirmavam, incontestavelmente, como reações ou resistências à opressão colonial. Quando esses movimentos queriam sair de um âmbito estritamente local, eles precisavam ser transmitidos. Daí, com frequência, sua relação ambivalente e seus empréstimos às Igrejas cristãs, às vezes ao islã, às vezes também ao marxismo.

Todo o resto sendo igual, estamos agora numa situação do mesmo tipo, com a ressalva de que as reações, frequentemente suscitadas por situações locais, são exercidas em outra escala. Todos compreenderam que o local não existe sem o global e, além disso, os movimentos de protesto locais precisam mais do que nunca ser transmitidos para o mundo inteiro e para a cena mundial pela mídia. Hoje, mais ainda do que ontem, são as religiões com vocação universal que podem lhes dar os meios intelectuais e materiais dessa extensão. O marxismo e as ideologias progressistas em geral, que tinham influenciado os movimentos políticos de independência e de liberação, estão em declínio, e os países comunistas, que às vezes os apoiaram, em vias de desaparecimento. A imaginação, por ora, vai na esteira da história.

O ecletismo ocidental, por seu lado, é moldado pelo espírito de consumo: as artes, a cultura, a filosofia, as religiões do mundo inteiro, inclusive em suas formas já mais sincréticas, podem ser objeto de escolhas individuais e de recomposições pessoais. Cada um cria, se preciso com a ajuda das novas tecnologias, sua própria cosmologia. O mundo da televisão é exemplar desse pós-modernismo do pobre:

---

1. G. Althabe, *Oppression et libération dans l'imaginaire*. Paris: F. Maspero, 1969.

se são tantos os indivíduos que desejam se expressar ali para falar de suas convicções, suas preferências, sua vida, quando elas não têm, evidentemente, nada de muito original, é porque eles próprios acreditam nesse mundo da televisão – os prestígios da imagem consolidam, no caso, a segurança conferida pela tomada da palavra. Apesar de seu egocentrismo excessivo, esses comportamentos, induzidos pela sociedade da imagem, não são tão diferentes daqueles que a fé do carvoeiro comanda (da qual, aliás, eles não são exclusivos); são, como eles, uma condição de sobrevivência.

Daqui em diante, portanto, estamos em condições de nos darmos conta – visto o campo de ruínas metafísicas no qual fundamentalistas iluminados e indivíduos alienados estão sempre remexendo para criar um sentido com restos – de que colonizados e colonizadores viveram a mesma história e que a colonização foi apenas a primeira etapa da mundialização. Estamos todos imprensados contra a mesma parede. Depois das tristes experiências do século XX, o desafio é o seguinte: como reintroduzir em nossa história finalidades que nos livrem da tirania do presente, mas que não sejam a fonte de um novo despotismo intelectual e político? Como não imaginar o futuro (a mudança é, sem dúvida, tão inimaginável quanto inelutável), mas nos preparar para que ele seja, na medida do possível, o porvir de todos?

Os termos desse desafio interessam os antropólogos, pois correspondem a uma situação que, de certo modo, repete ou tende a repetir uma experiência que eles já testemunharam sem prestar a devida atenção nem considerar todas as suas consequências: a experiência da colonização e da descolonização, na medida em que esta rapidamente eliminou os discursos finalistas que serviam de justificativa àquela. Talvez, definitivamente, essa eliminação até mesmo defina a descolonização, seja essencial. O tema explícito do fim da história e aquele, mais ou menos implícito, da repartição do mundo entre aqueles que estão no jogo e os outros, os assistentes e os assistidos, privilegiam uma leitura da história no presente que retira toda pertinência da ideia de progresso ou de um mundo melhor para amanhã. Contudo, esses ideais são ainda formulados, localmente, de modo confuso e vago. Resistências ao estado de coisas existente são esboçadas, mas em nome de ideais fragmentados, particulares, inacabados e, às vezes, contrários (as culturas minoritárias, o mundo campesino, a ecologia), que, mesmo quando tentam se expressar em escala planetária, têm dificuldade de construir projetos legíveis para o futuro, de propor fins que não sejam essencialmente defensivos.

A meu ver, essa situação, intelectualmente interessante, pode ser apreendida com uma eficácia particular se tentarmos observá-la em escala antropológica: sobre unidades reduzidas, nas quais, porém, se fazem sentir os efeitos do novo contexto, o contexto planetário (no duplo e eventualmente contraditório aspecto da globalização tecnoeconômica e da consciência planetária em pleno desenvolvimento). Os domínios empíricos tradicionais da etnologia prestam-se a essa abordagem (é seu contexto que se transforma e os transforma), e também, por motivo mais forte, os campos investidos há alguns anos pelos antropólogos (não apenas a cidade, que já tem suas cartas de nobreza na tradição profissional, mas também as empresas, os grandes conjuntos, os campos de refugiados, os grupos de imigrantes, as ONGs...), com a condição, todavia, de que o estudo de seus microcontextos respectivos e de seu contexto global recaia mais precisamente sobre as finalidades de que são ou não portadores.

É precisamente porque a antropologia se define simultaneamente em referência a seu objeto intelectual (a relação pensada e instituída, o sentido social) e em referência ao contexto no qual ela o observa, que ela me parece definir uma via privilegiada para a observação dos mundos contemporâneos. A situação atual a obriga, a princípio, a se definir como antropologia e não mais apenas como etnologia: hoje o contexto é sempre mundial, e, por mais necessário que seja o estudo dos microcontextos locais ou regionais, ele só ganha todo seu sentido se relacionado com o contexto global no qual se inscrevem esses microcontextos. A passagem de uma etnologia particular a uma antropologia comparada ou generalizada é hoje uma necessidade para dar conta de uma situação que, sem apagar totalmente os particularismos e as histórias locais, os transforma profundamente confrontando-os com a globalidade do mercado, das tecnologias e das imagens.

Diante da ideologia do presente e da evidência difundida pelo sistema global, diante das ilusões homicidas e liberticidas dos totalitarismos integristas, precisamos mais do que nunca de um retorno ao olhar crítico, apto a desvendar as questões de poder atrás das fórmulas ilusoriamente apaziguadoras ou fanaticamente mobilizadoras.

O retorno ao olhar crítico que credito à antropologia não é, claro, suficiente para mudar o mundo. Mas ele pode ajudar a dimensionar o que está realmente em jogo. Vivemos em um mundo onde, nos extremos, as distâncias não param de aumentar: distância entre os mais ricos dos ricos e os mais pobres dos pobres, distância entre a soma de conhecimentos acumulada nos laboratórios científicos mais bem equipados do planeta e o estado de ignorância em que é mantida a maioria da população mundial, nos países ditos subdesenvolvidos, mas também nos países industriais.

O problema é que hoje reina sobre o planeta uma ideologia do presente e da evidência que paralisa o esforço para pensar o presente como história, pois ela se esforça para tornar obsoletos tanto as lições do passado quanto o desejo de imaginar o futuro. Há uma ou duas décadas, o presente tornou-se hegemônico. O presente, aos olhos do comum dos mortais, já não é oriundo da lenta maturação do passado, já não deixa transparecer os delineamentos de possíveis futuros, mas impõe-se como um fato consumado, opressor, cujo surgimento repentino escamoteia o passado e satura a imaginação do futuro.

O que chamamos de ideologia do presente exprime-se de diversas maneiras e localizamos sua existência a partir de ao menos três fenômenos contemporâneos e concomitantes.

Com o primeiro desses fenômenos, encontramos Lyotard e o "fim das grandes narrativas" acerca do futuro. Esse fim corresponderia à perda das ilusões que os homens puderam sustentar sobre os progressos da humanidade, principalmente depois das atrocidades e das experiências totalitárias do século XX. O momento *pós-moderno* seria, portanto, aquele em que os mitos modernos, os mitos do futuro, os mitos universalistas, que haviam substituído as cosmogonias particularistas, desaparecem por sua vez. Uma das razões desse fracasso se deveria ao que Lyotard chamou de *diferendo*, ou seja, à diferença de percepção entre aqueles que inventam teoricamente uma ideologia universalista e libertadora e aqueles que sofrem historicamente seus efeitos. A Revolução Francesa foi um ato de liberação universal ou simplesmente a expressão do expansionismo francês que faria de Napoleão seu verdadeiro herói? Ambos, sem dúvida, e é aí que as dificuldades começam.

O tema do fim das grandes narrativas precedeu o que Fukuyama desenvolveu e que teve grande audiência, o do "fim da história". Mas, vemos claramente, os dois temas estão longe de se confundirem. Lyotard, ao evocar o fim dos dois grandes tipos de mitos, nos convidava a pensar as novas modalidades de relação com o espaço e com o tempo que definiam a condição "pós-moderna". Com o fim da história trata-se de algo bem diferente; trata-se de um esforço para produzir uma nova "grande narrativa". O fim da história não é, evidentemente, a cessação dos acontecimentos, mas o fim de um debate intelectual: todo o mundo, diz, em suma, Fukuyama, concordaria hoje em considerar que a fórmula que associa mercado liberal e democracia representativa é insuperável. Derrida, em seu livro *Espectros de Marx*,[2] observa a esse propósito que as formulações de Fukuyama não são claras e que, depois da leitura, subsiste uma dúvida sobre o sentido que se deve dar à noção de "fim da história": trata-se de um estado de fato incontestável ou de uma hipótese especulativa? Fukuyama apresenta a "boa notícia" (Derrida salienta essa linguagem evangélica) do advento da democracia liberal ora como um acontecimento empírico, ora como um ideal regulador: "O acontecimento é ora a realização, ora o anúncio da realização". Mas essa própria hesitação (ou essa incoerência) é típica de uma atmosfera intelectual na qual nada parece mais difícil de imaginar que o futuro.

Teremos uma ideia dessa dificuldade interrogando-nos sobre o *status* do acontecimento hoje. Nas sociedades da imanência, vimos, o acontecimento, na medida do possível, é negado; ele é remetido à série de determinações concebidas como simultaneamente sociais e antropológicas que o reduzem à estrutura. Quando essa redução, essa "etiologia social" não é mais possível, porque o acontecimento é enorme demais e desproporcional em relação aos instrumentos habituais de medida e de interpretação – por exemplo no caso da irrupção colonial –, ele é imitado, simulado, encenado (sobre o modelo dos "ritos de inversão" realizados quando das epidemias ou da morte do chefe), na esperança de que essa espécie de desafio

---

2. J. Derrida, *Spectres de Marx*. Paris: Galilée, 1993. [*Espectros de Marx*. Trad. Anamaria Skinner. Rio de Janeiro: Relume Dumará, 1993 – N.T.]

simbólico bastará para conjurá-lo. No caso da colonização, essa esperança nunca se concretizou, e o "profetismo" africano, por exemplo, não parou de se repetir, de vacilar até um passado bem recente. Mas ele conseguiu, localmente e por muito tempo, conjurar a violência, de modo que sempre foi difícil, tanto para os africanos quanto para os etnólogos, decidir se os profetas eram colaboradores ou resistentes, pois, obviamente, eram os dois ao mesmo tempo.

Nas sociedades mais desenvolvidas atualmente, assiste-se a um aumento do medo do acontecimento (pensem na categoria do risco, no papel dos seguros, na jurisdização da prática médica, na ideia de insegurança ou no receio das mudanças climáticas). Esse aumento do medo acarreta, classicamente, uma busca das causas e dos responsáveis que, em um entorno sociológico diferente do das sociedades politeístas, lembra, no entanto, alguns de seus aspectos. Em compensação, quando o acontecimento tem uma extensão imprevista e à primeira vista é imprevisível, como foi o caso do atentado de 11 de setembro, a estratégia logo muda. A busca dos culpados imediatos, mortos, e dos responsáveis mais distantes, inatingíveis em um futuro previsível, dá rapidamente lugar a uma nova iniciativa temporal: fazem do acontecimento não um ponto de chegada que é preciso explicar, mas um ponto de partida que vai explicar tudo. É esse o sentido e o papel da segunda guerra do Iraque e, de modo mais geral, da guerra declarada ao terrorismo.

O termo importante, aqui, é "declaração". Talvez o termo "declaração de guerra" não tenha sido empregado desde 1939. A declaração de guerra é, precisamente, o efeito de anúncio que passa uma borracha no passado para converter as mentes à espera e ao que vem depois. É a passagem à violência legítima, em todo caso, legal. É uma subversão das referências temporais, uma refundação, o canto da partida. O problema é que na complexidade das sociedades modernas não é tão fácil ser bem-sucedido nessa operação simbólica, passar da ordem das causas para a dos efeitos, do diagnóstico ao projeto. O discurso oficial sobre o terrorismo é então dúbio: é verdade que se declara guerra a ele, mas isso não muda nada, vive-se como antes (com um pouco mais de vigilância policial, no entanto). Tudo mudou, nada mudou. Para os mais velhos, essa linguagem dúbia lembrará a forma resignada com que a França declarou guerra à Alemanha em 1939. Julien Gracq, em seus *Carnets du grand chemin*,[3] esboça com eficiência esse episódio cheio de contrastes:

> A total ausência de ardor da nação a "se meter" na guerra de 1939, declarada de modo tão frouxo, justifica a solenidade dos ritos que marcam por toda parte na história antiga a passagem ao estado de hostilidades: o estado de guerra é tão antinatural para uma nação moderna que ela só pode *se jogar nele*, de olhos fechados; é preciso, a todo custo, criar um corte irreversível, não deixar uma polegada de campo livre às segundas intenções. (...) O governo Daladier, em 1939, ia à guerra de olhos abertos e fazia o contrário. (...); tudo o que ele fazia, e mais ainda, tudo o que não fazia, sussurrava para a tropa, no modo menor, mas com eloquência, a frase de Giraudoux, seu propagandista, em *La Guerre de Troie*: "É bom ter um minuto de paz".[4]

Efetivamente, a história já não é a mesma depois de 11 de setembro. Mas esse novo começo não invalida e tampouco deve invalidar, aos olhos daqueles que o conceberam, o tema do fim da história, justamente porque o novo conflito só ganha sentido no novo mundo globalizado, do qual ele é apenas uma perversão momentânea e local. Nesse sentido, não há, necessariamente, contradição entre o tema do fim da história e o do "choque" das civilizações. O "choque" não contradiz o fim da história: ele é um dos sintomas de seu estabelecimento.

---

3.   J. Gracq. *Carnets du grand chemin*. Paris: José Corti, 1992.
4.   *Ibid.*, pp. 208-209.

O segundo fenômeno é o predomínio da linguagem espacial sobre a linguagem temporal. Ele está estreitamente ligado ao fenômeno mais amplo da mundialização e ao paradoxo analisado anteriormente, mas convém lembrar aqui a revolução que acarreta em nossa percepção do espaço, a saber, mais precisamente, a inversão das relações entre interior e exterior. A dupla global/local substituiu a oposição particular/universal que, associada a uma concepção dialética da história, inscrevia-se no tempo. A assimilação da oposição global/local à de interior e exterior ganha todo seu sentido em relação ao tema do fim da história entendido como o advento da democracia liberal, ou seja, finalmente, em relação à oposição entre sistema e história. Lembremos: o interior, para o Pentágono, segundo Paul Virilio, é o interior do sistema econômico e tecnológico cujas redes criam a globalização; o interior é o global e reciprocamente. O exterior, em compensação, é o local, na medida em que não é uma simples reduplicação do global, mas interfere com o sistema, desde então sujeito a um eventual direito de ingerência. Compreende-se que, nessa perspectiva, a história, como perturbação de um sistema que tem veleidades de se apresentar como utopia realizada, só possa ter uma origem local. É a linguagem espacial que exprime e, em certo sentido, protege a organização atual do mundo.

O terceiro fenômeno a ser levado em consideração é o reino das imagens, especialmente o das imagens televisuais. Por um lado, elas nos encerram no espaço. Os satélites fixos refletem as imagens de um ponto do planeta a outro. Os acontecimentos da atualidade são repercutidos, interpretados e representados quase simultaneamente na Terra inteira. Nós nos habituamos a ser informados em horas regulares. De modo mais amplo, nosso entorno tecnológico desempenha um pouco o papel das cosmologias tradicionais que balizavam o espaço (inclusive o corpo humano) e o tempo (inclusive o nascimento e a morte) para ordenar simbolicamente o mundo. Hoje estamos rodeados por objetos materiais extremamente sofisticados que invadem cotidianamente nossa existência e parecem lhe dar sentido. A cada dia estão mais perto de nós: eles nos impõem uma determinada residência, inserem-se em nossos corpos, permitem que nos comuniquemos com a Terra inteira sem que tenhamos de nos deslocar, habituam-nos ao *cocooning* tecnológico que nos protege do passado e do futuro, como se apenas o presente existisse.

Por detrás do jogo das imagens e das mensagens que podem dar a sensação de que, apesar das violências da atualidade, nada acontece, formidáveis progressos estão, no entanto, ocorrendo. A conquista da galáxia começou e sabemos bem que, em algumas décadas, já não olharemos o céu com os mesmos olhos. A exploração do espaço não é a única a nos oferecer perspectivas vertiginosas. A ciência progride também na exploração da vida. A fronteira entre matéria e vida será em breve reconhecida e ultrapassada. A genética permite que se interrogue sobre a proximidade de certas espécies aparentemente distantes e também sobre a realidade e os limites da individuação. A consciência se interroga sobre as condições de seu aparecimento. Mas a ciência, ao contrário das cosmologias apaziguadoras que postulam uma totalidade distribuidora de sentido, avança no desconhecido cujas fronteiras ela progressivamente modifica. Ela enfrenta o desconhecido e talvez por isso sua imagem seja ambivalente: por um lado, é sabido que ela está na origem de todas as tecnologias que nos rodeiam, por outro, ela nos faz sentir a imensidão de tudo o que ainda ignoramos. Ela não tranquiliza.

Além disso, apesar das aparências que a globalização difunde, a desigualdade dos saberes é ainda maior do que a das riquezas. O que caracteriza esse início de século, além de um aumento, nos dois extremos, da distância entre os mais ricos dos ricos e os mais pobres dos pobres, é, a um só tempo, um aumento da ignorância e um aprofundamento da distância entre os que têm e os que não têm conhecimentos.

Se pensarmos no dinheiro, nas colaborações e nos apoios políticos requeridos, hoje, por uma verdadeira política científica, podemos recear que o mundo de amanhã se divida entre uma pequena aristocracia mundial do saber e do poder, constituída pelos cientistas e por aqueles que os financiarão, por um lado, os que serão bastante cultos para compreender mais ou menos aonde vão, por outro, e uma massa cada dia maior de excluídos do saber, sejam eles simples consumidores ou excluídos, a um só tempo, do saber e do consumo. Pois podemos apostar que, globalmente, a aristocracia do saber e a aristocracia do dinheiro se desenvolverão paralelamente. Esse risco de divisão irreversível tornaria impossível a constituição de uma humanidade unificada, de uma humanidade sociedade, ou, mais exatamente, ela daria à sociedade planetária em formação um rosto inquietante e profundamente não democrático. Utopia negra, que só pode ser combatida por uma utopia da educação para todos, ou seja, uma visão do futuro enfim livre das ilusões do presente que a ideologia da globalização consumista difunde.

8
O MUNDO DE AMANHÃ,
O INDIVÍDUO, A CIÊNCIA, A EDUCAÇÃO

Em três expressões correntes e antigas, o termo "mundo" ocupa um lugar central. A primeira (a volta ao mundo) é aparentemente a mais geográfica, mas ela logo se tornou um instrumento de medida do tempo e da velocidade dos meios de transporte. A segunda (o outro mundo ou um mundo melhor) foi utilizada pelas religiões monoteístas e, em sua versão laicizada, pelos utopistas e revolucionários do século XIX. A terceira (o fim do mundo) existe também nas duas versões e joga, às vezes, com a ambivalência da palavra "fim" (termo ou finalidade). O sentido delas evoluiu de maneira significativa ao longo dos últimos anos e não é inútil voltar a elas, para concluir, e tentar ver onde estamos hoje em nossas relações com "o mundo".

Em primeiro lugar, é preciso lembrar que, evidentemente, o termo "mundo" é uma espécie de conceito que serve para tudo, suscetível de camuflar nossas contradições e nossas ambiguidades. Mas é preciso lembrar também que a constatação banal de que, em algumas décadas, o mundo mudou radicalmente corresponde a uma experiência compartilhada sobre cujo conteúdo podemos nos interrogar.

1. A volta ao mundo

A humanidade precisou de tempo para descobrir que a Terra era redonda. A partir do momento em que ficou oficialmente redonda, foi possível começar a dar a volta nela. Essa história de "volta ao mundo" é uma velha história, se admitirmos a hipótese da origem única e africana da humanidade: os homens teriam começado a dar a volta na Terra (a povoá-la) sem imaginar que ela era redonda. Em compensação, é uma história breve, se pensarmos na revolução copernicana e nos progressos da astronomia em cinco séculos.

Esse mundo, ao qual podemos dar a volta, ganha nova atualidade com o tema da globalização ou mundialização, mas esse mesmo tema salienta a plasticidade de um falso conceito que pode corresponder tanto à ideia de totalidade acabada como àquela de pluralidade irredutível (o mundo é feito de mundos). Essa tensão entre unidade e pluralidade é hoje mais evidente do que nunca: o termo "mundialização" pode compreender, como vimos, dois fenômenos distintos, a globalização, que faz referência à unidade do mercado econômico e à das redes tecnológicas de comunicação, e a planetarização ou consciência planetária, forma de consciência infeliz ciente das fragilidades ecológicas do planeta e das distorções sociais de toda ordem que dilaceram a humanidade.

A tensão entre unidade e pluralidade exprime-se hoje na oposição global/local que pretende resolvê-la, mas contribui para reproduzi-la ou amplificá-la. Ou o local é concebido à imagem do global e do sistema econômico-tecnológico do qual é apenas uma expressão, ou é concebido como exceção, acidente ou distância em relação ao sistema de conjunto, e deve ser lembrado e trazido à ordem. É a noção de "direito de ingerência", que salienta o caráter político da referência ao mundo e aos mundos. Aqui as análises da visão estratégica do Pentágono, propostas por Paul Virilio, ganham todo seu sentido. Elas correspondem, com efeito, à visão global de um "sistema mundo" ou, antes, de um "mundo sistema" controlado, por enquanto, política, econômica e tecnologicamente, pelos Estados Unidos.

Contra esse sistema, e no interior do próprio sistema, aparecem, desde então, novas candidaturas à redefinição do mundo. Esses candidatos definem-se, eles também, como "mundos", mundos singulares e parciais num primeiro momento, mas aspirando eventualmente à unidade ou à hegemonia num segundo momento. Assim se falará do mundo muçulmano, do mundo asiático, como se falou do fracasso do mundo comunista.

O termo "mundo", por sua ambivalência (ele designa, a um só tempo, a totalidade e a diferença), diz alguma coisa de nossa atualidade que conjuga uma globalidade afetiva (a mundialização em seus dois aspectos), diferenças exacerbadas que dão novo sentido às velhas noções (classes, ideologias, alienação), e uma simbolização em crise mantida e mascarada pelas tecnologias de comunicação (internet, imagens de vídeo, televisão). O herói de Jules Verne, Phileas Fogg, poderia hoje dar a volta ao mundo em bem menos de 80 dias sem mudar de cenário (ele ficaria de um extremo do mundo ao outro nas mesmas redes hoteleiras), vendo as mesmas séries televisivas ou sabendo ao vivo (*live*) na BBC News as notícias de seu país, mantendo contato constante com seus amigos por telefone ou pela internet, ou pelos dois juntos, e atravessaria sem vê-los os mundos mais diversos e mais abalados pela história; a uniformização do espaço, desse ponto de vista, é o corolário da aceleração do tempo.

2. Um mundo melhor, um outro mundo

O tema do melhor dos mundos deve se situar em relação aos dois tipos de mitos surgidos na história: os mitos de origem fundadores das religiões, dos quais os filósofos ocidentais puderam dizer que a modernidade do século XVIII os havia matado, e os mitos do futuro, as grandes narrativas fundadoras das ideologias políticas progressistas, que a história do século XX teria feito desaparecer.

As duas declinações do tema do outro mundo apresentam paradoxos, diferenças e similitudes. As utopias laicas podem parecer mais generosas e desinteressadas que as religiões de salvação, visto que não prometem nenhuma recompensa individual no curto prazo e não se interessam pela morte individual. Mas ambas têm consequências no mundo atual (se designarmos pela expressão "mundo atual" o mundo em que vivemos, e pela expressão "mundo virtual" aquele que as religiões ou as utopias pretendem que o substitua). As religiões de salvação, efetivamente, dão importância às "obras"; quanto às utopias laicas, elas foram frequentemente ligadas a filosofias da felicidade que mudaram a relação com a vida "mundana". Historicamente, umas e outras foram, com frequência, para um grande número de indivíduos, uma maneira de viver o mundo atual, mais do que uma maneira de mudá-lo.

Talvez a atualidade nos convide a matizar o tema do fim dos dois tipos de mitos. Se é verdade que a existência de formas agressivas de religião (islamismo, evangelismo) pode nos fazer recear um século XXI dilacerado por concepções opostas e igualmente retrógradas do mundo – o que desmentiria o tema do fim dos mitos de origem e do triunfo da modernidade –, não se deve subestimar nem o aspecto político das novas afirmações religiosas, nem seu aspecto reacional. Talvez a modernidade ainda deva ser conquistada e estejamos no cerne de uma crise que se aparenta, efetivamente, a um fim. Além disso, se devemos constatar o enfraquecimento das projeções políticas de envergadura, não devemos excluir surpresas nesse campo: as concepções dominantes não estão mais seguras do que suas antecessoras, e a ausência ou o enfraquecimento de representações construídas do futuro pode ser uma oportunidade para mudanças efetivas nutridas pela experiência histórica concreta. Talvez estejamos aprendendo a mudar o mundo antes de imaginá-lo, a nos converter a uma espécie de existencialismo prático. As inovações tecnológicas que abalaram as relações sexuais e os modos de comunicação (a pílula, a internet) não surgiram da utopia, e sim da ciência e de seus impactos tecnológicos. Sem dúvida, a exigência democrática e a afirmação individual recorrerão a caminhos inéditos que só hoje entrevemos.

Desde o início do século XX, a ciência alcançou acelerados progressos que hoje nos deixam entrever perspectivas revolucionárias. Novos mundos começam a se abrir para nós: por um lado, o universo, as galáxias (e essa mudança de escala não deixará de ter consequências, a prazo, sobre a ideia que fazemos do planeta e da humanidade); por outro, a fronteira entre a matéria e a vida, a intimidade dos seres vivos, a natureza da consciência (e esses novos saberes acarretarão uma redefinição da ideia que cada indivíduo pode ter de si mesmo). O que saberemos do mundo mudará o mundo, mas essas mudanças são hoje inimagináveis; não podemos saber, por exemplo, qual será o estado de avanço da ciência em 30 ou 40 anos.

Duas observações acerca disso:

1. Se não forem realizadas mudanças revolucionárias no campo da educação, há risco de a humanidade de amanhã se dividir entre uma aristocracia do saber e da inteligência e uma massa cada dia menos informada do que está em

jogo no conhecimento. Essa desigualdade reproduziria e multiplicaria a desigualdade das condições econômicas. A educação é a prioridade das prioridades.

2. Os impactos tecnológicos da ciência são como uma segunda natureza. As imagens e as mensagens estão ao nosso redor e nos tranquilizam, elas nos submetem à nova ordem das coisas sem, necessariamente, nos dar meios para compreendê-la. É esse o risco ligado ao que chamei de "cosmotecnologia". Ela nos dá a ilusão de que o mundo é finito. Ajuda a viver, mas pode também intermediar todas as explorações se aqueles que se referem a ela não tiverem uma consciência exata de seu *status*.

Quanto à ciência, ela não precisa nem de desigualdades, nem de dominação. Se, nos fatos, ela é dependente das políticas que a financiam e, em larga medida, a orientam, ela só responde, em direito, ao desejo de conhecer. Da perspectiva dessa exigência, a miséria e a ignorância são fatores de atraso. Um mundo que só obedecesse ao ideal de conhecimento (e de educação) seria, ao mesmo tempo, mais justo e mais rico. Constatar que a ciência muda o mundo é admitir que não há outro mundo do que aquele que estamos mudando, o qual é para si mesmo seu próprio fim (no sentido de finalidade).

3. O fim do mundo

O tema do fim do mundo é um velho tema caro ao monoteísmo cristão, que o associa ao do Juízo Final. O monoteísmo precisa da morte para dar sentido à vida. Ele rejeita a vida para o outro mundo: a ressurreição é a passagem para a vida pela morte, a passagem para o outro mundo. O fim do mundo não é senão a recapitulação geral de todos os fins individuais que se sucederam e acumularam na história desse mundo de baixo. A palavra "mundo" aparece aqui em sua plena ambiguidade: é preciso que ele acabe para que comece o outro mundo. Quanto a esse começo, ele é, a um só tempo, promessa e ameaça (*"Dies irae, dies illa"*). Ou seja, o mundo atual é submetido à representação de um mundo virtual. Sua finalidade lhe é exterior.

O tema do fim do mundo foi reatualizado durante a guerra fria pelo receio do apocalipse nuclear. Hoje os novos medos do ano dois mil são antes de ordem ecológica (aquecimento do planeta, desertificação) ou médicos (novas pandemias, doenças ligadas à alimentação de massa). Esses medos são avivados pelo espetáculo quase familiar dos planetas mortos, como Marte, nos quais, supõe-se, puderam existir formas de vida: imagens concretas e estranhas de mundos onde o homem não tem seu lugar, onde ele nunca teve, de onde toda vida sempre esteve ausente ou desapareceu, sem que se possa saber qual das duas hipóteses é a mais incômoda; imagens concretas de nosso fim a bem longo prazo, mas que hoje parecem atualizar para nossa imaginação as menores peripécias da meteorologia.

O tema do fim do mundo está em constante evolução. Ele está sutilmente ligado ao tema do fim da história. Este, independentemente da questão de sua pertinência ou de sua não pertinência, faz referência, de modo bem concreto, a um modelo de sociedade que tem seus custos, seus problemas e suas ambições. A prudência ecologista e a ambição prometéica enfrentam-se aí como sempre: de um lado, as economias de energia, as energias limpas, o desenvolvimento sustentável, do outro, a exploração de novas formas de energia, especialmente a atômica, a exploração mineira e energética dos astros próximos. Mas aqui surge novamente a ambivalência do termo "fim", que designa ou um acabamento ou

Para onde foi o futuro? | 107

uma finalidade. Que mundo se delineia no horizonte das diferentes estratégias que se enfrentam para a exploração do mundo tal como ele é? É possível pensar um mundo sem finalidades?

Enfim, eu gostaria de evocar uma outra evolução, ela também em curso, e que talvez seja a mais revolucionária a prazo: a da ideia de indivíduo. O conceito de mundo, como o de cultura, prende a existência individual a uma amarra da qual o indivíduo tem grande dificuldade de se livrar. Mal alguns elos se rompem e outros já são inventados, de tanto que a humanidade parece recear a liberdade (a liberdade absoluta do indivíduo) e se refugiar no sentido (a submissão às formas institucionais). Teremos uma ideia dessa oscilação, por exemplo, se prestarmos atenção nos debates atuais sobre a homossexualidade. A luta contra a determinação pelo sexo (determinação que está no cerne dos simbolismos mais comprovados em todas as culturas) é, em certo sentido, a mais revolucionária possível, mas hoje, estranhamente, ela chega a uma reivindicação de instituições aparentemente bem conformistas, tais como o casamento ou a filiação.

Diante dos contrastes do mundo no qual vivemos, onde coexistem os progressos científicos mais vertiginosos e as representações religiosas mais arcaicas, a consciência aguda dos direitos do indivíduo e as formas mais manifestas de totalitarismo, é inevitável constatar que a evolução das sociedades não é um longo rio tranquilo cujo curso poderia a cada instante ser medido e previsto. A ideia de pós-modernidade aparece, relativamente a essa situação, ou ambiciosa demais ou preguiçosa demais. Às vezes ela é entendida como definindo uma situação que teria escapado definitivamente das antigas determinações e na qual se conjugariam, harmoniosamente, a diversidade das culturas, o desabrochar das individualidades, mas também a miscigenação de todas elas e sua fecundação recíproca. É, de certo modo, a versão *cool* e ecológica do fim da história e da utopia liberal. Ela é entendida de modo diferente quando, ao contrário, se faz referência a ela para evocar uma situação não utópica, mas dividida e indeterminada, da qual só poderíamos dar conta de modo parcial e indireto. Isso significa ignorar deliberadamente os efeitos a um só tempo uniformizantes e desigualitários do mercado e das tecnologias. Em ambos os casos, o pós-modernismo supõe uma ruptura (eventualmente uma ruptura frouxa, em forma de decomposição) com a modernidade, ela mesma concebida como a idade das grandes hipóteses universalistas. Ora, o pensamento da ruptura, em história, é sempre a confissão de uma impotência ou de um fracasso. A ruptura em história, como as mudanças de paradigmas em história das ciências ou em história da arte, é o forte de atores, autores, criadores, mas não é arbitrária e sua necessidade ou sua possibilidade inscreve-se na continuidade que ela pretende quebrar. Do ponto de vista do observador ou do analista, a vanguarda, a heresia, o sacrilégio e a revolução são pensáveis, ou seja, situáveis. Se antecipei a noção de "sobremodernidade" para dar conta da situação atual foi para situá-la em relação à era da modernidade. Ela a prolonga, efetivamente, mas está submetida à influência de múltiplos fatores, complexos e eventualmente contraditórios, que tornam difícil sua análise. Trata-se de uma situação "sobredeterminada", no sentido empregado por Freud e mais tarde por Althusser. É nesse sentido que ela é *sobre*-moderna.

O tema do indivíduo constitui, desse ponto de vista, um lugar estratégico. Tudo, na sociedade dita de consumo, convida a considerar o indivíduo como o motor da vitalidade econômica. Menos, como na primeira ideologia capitalista, porque se precisa de empreendedores, do que pela fragilidade de um sistema submetido à boa vontade dos consumidores. Um atentado, uma baixa frequência em algumas linhas aéreas, e companhias tidas por florescentes vão à falência. Desde então, uma parte notável da atividade da mídia dedica-se a seduzir, a convencer o indivíduo consumidor, inclusive nos países pobres e nos períodos de marasmo econômico: é preciso relançar a máquina ou impedi-la de emperrar. O indivíduo é rei, mas é um rei nu que todo mundo quer vestir, alimentar, cuidar, embelezar, na medida, em toda a medida (o crédito é feito para isso) de seus meios. Sem dúvida o sistema econômico se contentaria com esse indivíduo passivo ao qual a circulação nos setores do supermercado ou as chamadas dos apresentadores de televisão podem dar a sensação de que ele é livre em suas escolhas e opiniões. Mas, em uma situação de sobremodernidade, em que as determinações são complexas e a memória nunca é nula, o indivíduo, por mais condicionado que seja, pode surpreender seu mundo levando ao pé da letra as mensagens que lhe são dirigidas, tomando distância, rebelando-se. O receio do empobrecimento, a sensação do tempo que passa, a impaciência adolescente ou o pessimismo do envelhecimento – em síntese, o sentido de urgência – são armas terríveis que despertam a lucidez. O iluminismo, desse ponto de vista, continua a ser a referência propriamente revolucionária porque apostou em despertar as consciências individuais que toda a máquina política e religiosa do Antigo Regime pretendia adormecer. Essa luta nunca está completamente ganha. Ela continua.

A ideia de indivíduo continua subversiva porque significa que o mundo nasce comigo e morre comigo. Todas as culturas foram construídas contra esse solipsismo, e é o que as fortalece, pois a alteridade está no cerne da identidade; a identidade individual só pode ser definida, pensada e vivida em relação a outros. Mas, reciprocamente, o sentido social se perde se o indivíduo se dissolve no conformismo, na semelhança, no alinhamento. A individualidade se realiza na solidariedade, mas sabemos também que essa realização, em suas formas mais elevadas (o amor, a amizade), não precisa do quadro institucional. A forma social ótima (que reconciliaria sentido e liberdade) seria aquela em que todos os indivíduos pudessem se realizar livremente sem se isolar.

Essa realização só será realmente possível, parece-me, no dia em que os homens renunciarem definitivamente aos consolos do sentido (essencialmente as religiões, mas também, de modo mais amplo, todas as formas abusivas de alienação institucional) para enfrentar os riscos da liberdade. Nesse dia eles terão aprendido a conjugar a solidão e a solidariedade, a solidão do homem genérico e a solidariedade dos homens individuais. A espécie humana está só no mundo. As culturas inventam deuses e cosmologias para se esquecerem disso. O homem individual sabe que precisa dos outros homens para existir e que, nesse sentido, ele é solidário. A vida individual permanece a medida de todas as coisas. Muitos religiosos, declarados ou mascarados, muitos revolucionários, muitos conservadores concordam em negar essa evidência íntima que, em todos os regimes, alimentou e continua a alimentar o desejo de resistência.

CONCLUSÃO:
POR UMA UTOPIA DA EDUCAÇÃO

A verdadeira democracia passa pela clara definição de relações igualitárias entre todos os indivíduos, entre cada um, qualquer que ele seja, e todos os outros, quaisquer que eles sejam. Ainda falta muito para isso. E esta é a razão pela qual os apelos à violência, quaisquer que sejam as ideologias que os inspirem, sempre terão eco nos mais desprovidos. Não é portanto proibido ao antropólogo, que tenta observar o que é, sugerir o que poderia ser se fosse novamente dada uma finalidade à linguagem política e se se levasse enfim ao pé da letra o ideal frequentemente proclamado da educação e da ciência para todos. É preciso pensar no plural, é verdade, mas sem esquecer que não é o indivíduo que está a serviço da cultura, mas são as culturas que estão a serviço do indivíduo.

Como estabelecer as condições de uma utopia da educação, progressista (que não renuncia a melhorar a sina da humanidade), progressiva (passando por reformas e adaptações) e que toma explicitamente por objeto o desabrochar do indivíduo? Já ouço as objeções: "Uma utopia da educação: bela ideia, mas como realizá-la? A maior parte de nosso orçamento já vai para a educação. O que mais você quer?". O que mais se poderia querer é, precisamente, o fim dessa objeção. A acusação de irrealismo é um dos braços da tenaz que estrangula hoje, imediatamente, qualquer proposta radical. Taxar de irrealismo toda proposta de transformação radical é recusar de antemão prestar atenção às constatações que a fundamentam.

Essa constatação, no caso, é a da progressão da ignorância neste início do século XXI. Que a ignorância progrida ou, mais exatamente, que a distância entre os saberes especializados daqueles que sabem e a cultura mediana daqueles que não sabem não para de aumentar, é isso o que não deve ser dito, para não chocar ninguém. No mundo pudico em que vivemos, onde as palavras causam mais medo do que os fatos, será que se deveria, então, calar este fato, maciço, enorme e determinante para o futuro da humanidade, de que quanto mais a ciência progride, menos ela é compartilhada? Não basta constatar, como o fizeram gerações de etnógrafos, que saberes tradicionais se perdem (se se perdem é porque, antes de tudo, já não têm razão de existir): é preciso acrescentar que sua perda não significa o acesso aos novos saberes, muito pelo contrário. Acontece o mesmo no campo das línguas. É verdade que se pode deplorar o dramático desaparecimento da diversidade linguística, mas é preciso acrescentar que esse desaparecimento não significa o acesso ao domínio das línguas dominantes. No mais das vezes, o resultado do desaparecimento das línguas é uma relação mutilada com a outra língua, uma enfermidade linguística fundamental que é a expressão mais trágica do vínculo entre perda do passado e fechamento do futuro. É também no campo dos conhecimentos que a distância aumenta entre países desenvolvidos e países subdesenvolvidos. Uma parte majoritária do mundo é incapaz de compreender qualquer coisa das questões da pesquisa científica.

O fato de que individualidades escapem e se formem em universidades americanas (o que se chamou de "fuga dos cérebros") ou de que haja setores científicos de ponta em países em outros aspectos subdesenvolvidos, como na Ásia, não muda nada na constatação de conjunto. A linha divisória entre conhecimento e ignorância atravessa, aliás, os países considerados como industrial e cientificamente desenvolvidos. O jornal *Le Monde* reproduziu recentemente uma pesquisa da National Science Foundation segundo a qual só metade dos americanos sabe que a Terra precisa de um ano para dar a volta em torno do Sol. Outras pesquisas demonstram que a maioria deles acredita em milagres, a metade em fantasmas e um terço na astrologia. Nesse contexto global, a ofensiva dos criacionistas nos meios universitários ganha todo seu sentido. É verdade que podemos observar que os estudantes mais brilhantes das universidades americanas são asiáticos (desde 1999, o número de estudantes estrangeiros nos cursos de engenharia ultrapassou o de americanos), mas é sabido que o desenvolvimento científico na Ásia traduz, ele também, consideráveis desigualdades. O exame das situações africana e médio-orientais chegaria a conclusões infinitamente ainda mais desesperadoras.

Mais perto de nós, com algumas notáveis exceções, parece que se endossa mais ou menos a distinção entre bairros "normais" e bairros "difíceis", entre elites e classes desfavorecidas. Constata-se que o sistema escolar não cria mais igualdade, mas reproduz desigualdades. Além disso, a situação do mercado de emprego, a ideologia consumista e o reino da imagem – que aureola estrelas do esporte e do teatro de variedades – esmagam com todo seu peso corações e imaginações.

A pesquisa americana fascina os pesquisadores europeus. Mesmo se não se dispõe de números certos concernentes à fuga dos cérebros europeus para a América, pode-se afirmar que se trata de um fenômeno bem importante. Ele corresponde à enorme desproporção entre o aparelho de pesquisa americano e o aparelho de pesquisa europeu. Em uma entrevista ao *Magazine littéraire* (janeiro de 2004), George Steiner afirmava que o orçamento anual de Harvard ultrapassa a soma dos orçamentos das universidades na Europa ocidental.

Em outras palavras, em escala mundial, a distância aumenta, em termos absolutos e em termos relativos, entre os que não têm sequer acesso à alfabetização, num extremo, e os que têm acesso às grandes hipóteses sobre a constituição do universo ou o surgimento da vida, no outro extremo. Acaso é preciso acrescentar que, globalmente falando, o patrimônio filosófico da humanidade parece não ter herdeiros e que, sustentado pela violência, pela injustiça e pelas situações de desigualdade, a fuga no mais das vezes obstinada para formas religiosas mais ou menos grosseiras e mais ou menos intolerantes faz as vezes de pensamento para uma parte considerável da humanidade?

Como inverter a tendência? Certamente não com um passe de mágica, nem com votos pios. A derradeira utopia hoje é a educação. Utopia, é verdade, pois a ideia de um acesso real e concretamente igual de todos à educação não corresponde, evidentemente, ao estado do mundo, nem a suas possibilidades imediatas de evolução. Mas uma utopia da educação, ao contrário das utopias que a precederam, pode definir esses lugares seletivamente e essas etapas progressivamente. Ela pode ser reformista por método se for radical como projeto. Mais do que qualquer outra iniciativa política, ela enfrentará as dificuldades habituais, o conservadorismo institucional, o argumento econômico e o ceticismo que mina qualquer projeto cuja realização se inscreve no tempo. Contudo, nesse campo, qualquer iniciativa local, pontual, pode parecer como um passo na boa direção, não como a traição do ideal. Não há pequenos ganhos, não há ganhos desprezíveis em matéria de educação.

Se a humanidade fosse heroica, ela se acomodaria na ideia de que o conhecimento é seu fim derradeiro. Se a humanidade fosse generosa, compreenderia que a divisão dos bens é para ela a solução mais econômica (Marcel Mauss, em seu "Ensaio sobre o dom",[*] havia começado a explorar essa hipótese). Se a humanidade fosse consciente de si mesma, não deixaria as questões de poder obscurecer o ideal do conhecimento. Mas a humanidade como tal não existe, não há senão homens, ou seja, sociedades, grupos, potências... e indivíduos. O paradoxo atual diz que é no auge desse estado de diversidade desigualitária que a mundialização do mundo se realiza. Os mais oprimidos dos oprimidos têm consciência de pertencer ao mesmo mundo que os mais abastados e os mais poderosos – e inversamente. Nunca, no fundo, os homens estiveram em melhor situação para se pensarem como humanidade. Nunca, sem dúvida, a ideia de homem genérico esteve mais presente nas consciências individuais. Mas nunca, tampouco, as tensões imputáveis à desigualdade das posições de poder e de riqueza ou à preponderância dos esquemas culturais totalitários estiveram tão fortes. Nem o heroísmo, nem a generosidade, nem a consciência estão ausentes de nenhum grupo humano. Mas não estão sozinhos, misturam-se com as relações de força, as evidências do presente, as preguiças e os temores da imaginação. São essas misturas que uma antropologia resolutamente crítica deve explorar concreta e detalhadamente, para contribuir no questionamento do qual depende nosso futuro (esse possessivo "nosso" faz, evidentemente, referência à nossa condição comum, à ideia do homem genérico que dá sentido e limite à ideia do homem individual): será que a utopia de um mundo sem deuses, sem medos e sem injustiças, de um mundo forte o bastante

---

[*]   "Ensaio sobre o dom", *in Sociologia e antropologia, op. cit.* [N.T.]

para assegurar o bem-estar de todos e só se consagrar à aventura da ciência, ainda tem alguma força mobilizadora?

Como dissemos, o futuro do planeta não pode ser encarado como o de uma elite mais ou menos restrita. Se o ideal de pesquisa e de descoberta, o ideal da aventura, tivesse que ser reforçado, tornar-se o único ideal do planeta, as consequências não seriam pequenas. A questão dos fins teria sido explicitamente colocada e resolvida. Uma sociedade governada unicamente pelo ideal de pesquisa não pode tolerar nem a desigualdade, nem a pobreza. Para ela, as injustiças sociais são intelectualmente ridículas, economicamente custosas e cientificamente prejudiciais. A utopia a ser construída e realizada, a que pode orientar tanto os diferentes tipos de ciência quanto os observadores do social, os artistas e os gestores da economia é, portanto, uma utopia da educação para todos, tão necessária à ciência quanto à sociedade. Retomando um instante a distinção proposta anteriormente entre estado das questões e estado dos lugares, digamos que qualquer esforço da imaginação para ultrapassar as rotinas imputáveis ao estado das questões teria uma chance de perturbar as dificuldades próprias ao estado dos lugares. Cabe, portanto, aos profissionais da pesquisa e do ensino lembrar que o progresso científico depende, em grande parte, da revolução social do ensino.

Uma utopia da educação só pode se definir como uma utopia prática e reformista, mesmo que esses termos possam parecer condenados. Ela não poderia, obviamente, proceder de um desejo qualquer de governar *em nome* do saber. O saber, ao contrário da ideologia, não é nem uma totalidade, nem um ponto de partida. Trata-se de governar *em vista* do saber, de ter o saber como fim individual e coletivo. E, portanto, finalmente, de voltar a um pensamento do tempo e fazer a aposta sensata de que, no dia em que sacrificarmos tudo ao saber, teremos, além disso, riqueza e justiça.

O AUTOR

Marc Augé é orientador na École des Hautes Études en Sciences Sociales (EHESS), da qual foi presidente de 1985 a 1995.

Principais obras:

Le rivage alladian, Orstom, 1969.

Théorie des pouvoirs et idéologie, Hermann, 1975.

Pouvoirs de vie, pouvoirs de mort, Flammarion, 1977.

Symbole, fonction, histoire, Hachette, 1979.

Génie du paganisme, Gallimard (Col. Bibliothèque des sciences humaines), 1982; (Col. Folio-Essais), 2008.

Le sens du mal, Éd. des Archives contemporaines, 1984 (em colab. com C. Herzlich).

La traversée du Luxembourg, Hachette, 1985.

Un ethnologue dans le métro, Hachette (Col. Textes du XXe siècle), 1986, Hachette Littératures, 2001.

Le Dieu objet, Flammarion (Col. Nouvelle Bibliothèque scientifique), 1988.

Domaines et châteaux, Seuil (Col. La Librairie du XXIe siècle), 1989.

Nkpiti. La rancune et le prophète, Éd. de l'EHESS, 1990 (em colab. com J.-P. Colleyn).

Não lugares: Introdução a uma antropologia da supermodernidade, 9ª ed., Papirus, 2012.

Paris retraversé, Éd. de l'Imprimerie Nationale, 1992 (em colab. com J. Mounicq).

Pour une anthropologie des mondes contemporains, Aubier, 1994; Flammarion (Col. Champs Flammarion), 1997.

Le sens des autres: Actualité de l'anthropologie, Fayard, 1994.

Erro, peintre mythique, Éd. Le Lit du vent, 1994.

Paris ouvert, Éd. de l'Imprimerie Nationale, 1995 (em colab. com J. Mounicq).

Paris, années trente, Hazan, 1996.

La guerre des rêves. Exercices d'ethno-fiction, Seuil (Col. La Librairie du XXIe siècle), 1997.

L'impossible voyage. Le tourisme et ses images, Rivages-Poche, 1997.

Valode et Pistre, Ed. du Regard, 1998.

Venise d'eau et de pierre, Ed. de l'Imprimerie Nationale, 1998 (em colab. com J. Mounicq).

Fictions fin de siècle, Fayard, 2000.

Les formes de l'oubli, Payot, 1998; Rivages-Poche, 2001.

Journal de guerre, Galilée, 2003.

Le temps en ruines, Galilée, 2003.

Pour quoi vivons-nous?, Fayard, 2003.

L'anthropologie, PUF (Col. Que sais-je?), 2004 (em colab. com J.-P. Colleyn).

La mère d'Arthur, Fayard, 2005.

Le métier d'anthropologue: Sens et liberté, Galilée, 2006.

Casablanca, Seuil (Col. La Librairie du XXIᵉ siècle), 2007.

Éloge de la bicyclette, Payot, 2008; Rivages-Poche, 2010.

Le métro revisité, Seuil (Col. La Librairie du XXIᵉ siècle), 2008.

Quelqu'un cherche à vous retrouver, Seuil (Col. La Librairie du XXIᵉ siècle), 2009.

Carnet de routes et de déroutes: Septembre 2008-juin 2009, Galilée, 2010.

La communauté illusoire, Rivages-Poche, 2010.

Journal d'un SDF. Ethnofiction, Seuil (Col. La Librairie du XXIᵉ siècle), 2011.

CEPECA: Afirmando os direitos de crianças e adolescentes

Em maio de 1995, um grupo de profissionais de diferentes áreas e com variada experiência em programas sociais, educativos e culturais fundou o CEPECA, uma organização civil sem fins lucrativos. O envolvimento em diversos projetos educacionais dirigidos a crianças e adolescentes em situação de risco social e pessoal foi determinante para definir a missão da entidade: efetivar ações que têm na liberdade, na educação e na afirmação dos direitos de crianças e adolescentes seus compromissos fundamentais.

A atuação do CEPECA dá-se por meio da identificação dos recursos existentes em entidades públicas e privadas que, com baixo custo de adaptação, podem ser utilizados para o atendimento desses jovens em situação de risco.

Além disso, o CEPECA forma profissionais para atuar diretamente em projetos sociais e educacionais ou para assessorar empresas públicas e privadas na elaboração e desenvolvimento de tais projetos. A entidade promove ainda cursos, palestras e seminários e realiza ações na área de divulgação científica e de inclusão digital.

Mais informações pelo *site* **www.cepeca.org.br**
ou pelo *e-mail* **info@cepeca.org.br**

D&D ASSESSORIA DE COMUNICAÇÃO

A campanha **Não faça de sua vida uma página em branco: Colabore com quem precisa de você** foi idealizada pela Papirus e pela D&D Assessoria de Comunicação com o objetivo de divulgar o trabalho de entidades envolvidas em ações sociais sérias e meritórias. Assim, as últimas páginas dos livros da Papirus, que costumavam ser em branco, agora trazem textos informativos sobre tais entidades. A campanha conta com o apoio da Central Brasileira de Notícias (CBN) de Campinas, da Rede Anhanguera de Comunicação (RAC) e da CPFL Energia.

Núcleo Assistencial Casa do Caminho: Levando ajuda a quem precisa

Fundado em agosto de 2003, o Núcleo Assistencial Casa do Caminho, localizado em Jundiaí (SP), realiza diversas atividades, como a distribuição de cestas básicas para famílias carentes e de sopas para moradores de rua, além de oferecer cursos para gestantes de baixa renda e orientação a crianças e adolescentes com diabetes. O trabalho mais conhecido da organização é o grupo "Caminho da Alegria", formado por mais de 100 voluntários que se vestem de palhaços para visitar pacientes e seus familiares, funcionários de hospitais e asilos da cidade. O grupo também leva alegria às crianças da Casa Transitória e do Ambulatório de Moléstias Infecciosas de Jundiaí, e às crianças e aos adolescentes portadores do vírus HIV que vivem no Sítio Agar, em Cajamar (SP). Outra atividade realizada na sede do Núcleo Casa do Caminho é a oficina de artesanato, em que são confeccionadas "lembrancinhas", distribuídas em alguns dos locais visitados pelo grupo de palhaços. Há ainda o coral "Vozes do Caminho", que ensaia semanalmente na sede da entidade e se apresenta em hospitais de Jundiaí, e a confecção de enxovais de bebês, doados às gestantes assistidas pela instituição.

Mais informações pelo *site* **www.caminhodaalegria.com.br/nucleo**, pelos telefones **(11) 4817-0634 / 9637-8837** ou pelos *e-mails*: **nucleocasadocaminho@terra.com.br / caminhodaalegria@terra.com.br**

D&D ASSESSORIA DE COMUNICAÇÃO

A campanha **Não faça de sua vida uma página em branco: Colabore com quem precisa de você** foi idealizada pela Papirus e pela D&D Assessoria de Comunicação com o objetivo de divulgar o trabalho de entidades envolvidas em ações sociais sérias e meritórias. Assim, as últimas páginas dos livros da Papirus, que costumavam ser em branco, agora trazem textos informativos sobre tais entidades. A campanha conta com o apoio da Central Brasileira de Notícias (CBN) de Campinas, da Rede Anhanguera de Comunicação (RAC) e da CPFL Energia.

SOS Ação Mulher e Família:
Lutando contra a violência à mulher

O SOS Ação Mulher e Família é uma organização não governamental (ONG), que surgiu no início da década de 1980 como uma resposta e um ato de repúdio à violência cometida contra as mulheres, em especial aos homicídios derivados de crimes passionais. A entidade atende não somente mulheres, mas também seus companheiros e filhos, com uma média de 450 novos casos por ano.

A ONG busca relações mais justas e equitativas, com a interrupção de histórias de violência pelo desenvolvimento de programas socioeducativos e preventivos e de ações biopsicossociais e jurídicas. As mulheres que chegam à entidade passam por uma entrevista de admissão e participam de encontros com grupos terapêuticos, psicoterapia individual (e, quando necessário, de casal e família), orientação jurídica e atendimento social.

Há, ainda, um projeto de brinquedoteca (ReCriando) para crianças de 4 a 10 anos, além de um trabalho dirigido às mulheres que têm dificuldades nas relações com os filhos, utilizando os caminhos da arte, do autocuidado, do cuidado com o ritmo e o ambiente doméstico e o resgate da criança interior (Matern'Arti).

O SOS Ação Mulher e Família conta com nove profissionais remunerados e uma equipe flutuante de voluntários da área jurídica e psicológica, estagiários e pesquisadores eventuais. A diretoria, que é composta de voluntárias, também oferece suporte à equipe técnica.

Mais informações pelo *site* **www.sosmulher.org.br**
ou pelos telefones **(19) 3232-1544/3236-1516**

D&D ASSESSORIA DE COMUNICAÇÃO

PAPIRUS   7 MARES

A campanha **Não faça de sua vida uma página em branco: Colabore com quem precisa de você** foi idealizada pela Papirus e pela D&D Assessoria de Comunicação com o objetivo de divulgar o trabalho de entidades envolvidas em ações sociais sérias e meritórias. Assim, as últimas páginas dos livros da Papirus, que costumavam ser em branco, agora trazem textos informativos sobre tais entidades. A campanha conta com o apoio da Central Brasileira de Notícias (CBN) de Campinas, da Rede Anhanguera de Comunicação (RAC) e da CPFL Energia.

Especificações técnicas

Fonte: Gentium Basic 10,5 p
Entrelinha: 15 p
Papel (miolo): Offset 75 g
Papel (capa): Supremo 250 g
Impressão e acabamento: Paym